shule - សាលារៀន 2
usafiri - ការធ្វើដំណើរ 5
usafiri - ការដឹកជញ្ជូន 8
jiji - ទីក្រុង 10
mazingira - ទេសភាព 14
mgahawa - ភោជនីយដ្ឋាន 17
dukakuu - ផ្សារទំនើបថ្មើប 20
vinywaji - ភេសជ្ជៈ 22
chakula - អាហារ 23
shamba - កសិដ្ឋាន 27
nyumba - ផ្ទះ 31
sebuleni - បន្ទប់ទទួលភ្ញៀវ 33
jikoni - ផ្ទះបាយ 35
bafu - បន្ទប់ទឹក 38
chumba ya mtoto - បន្ទប់របស់កុមារ 42
nguo - សម្លៀកបំពាក់ 44
ofisi - ការិយាល័យ 49
uchumi - សេដ្ឋកិច្ច 51
kazi - មុខរបរ 53
zana - ឧបករណ៍ 56
ala za muziki - ឧបករណ៍តន្ត្រី 57
bustani ya wanyama - សួនសត្វ 59
michezo - កីឡា 62
shughuli - សកម្មភាពនានា 63
familia - ក្រុមគ្រួសារ 67
mwili - រាងកាយ 68
hospitali - មន្ទីរពេទ្យ 72
dharura - សង្រ្គោះបន្ទាន់ 76
dunia - ផែនដី 77
saa - នាឡិកា 79
wiki - សប្តាហ៍ 80
mwaka - ឆ្នាំ 81
maumbo - រាង 83
rangi - ពណ៌ 84
kinyume - ផ្ទុយគ្នា 85
nambari - លេខ 88
lugha - ភាសា 90
ambao / nini / jinsi - នរណា / អ្វី / របៀប 91
wapi - កន្លែង 92

Impressum
Verlag: BABADADA GmbH, Nedderfeld 112 , 22529 Hamburg
Geschäftsführer / Verlagsleitung: Harald Hof
Druck: Books on Demand GmbH, In de Tarpen 42, 22848 Norderstedt

Imprint
Publisher: BABADADA GmbH, Nedderfeld 112 , 22529 Hamburg, Germany
Managing Director / Publishing direction: Harald Hof
Print: Books on Demand GmbH, In de Tarpen 42, 22848 Norderstedt

shule
សាលារៀន

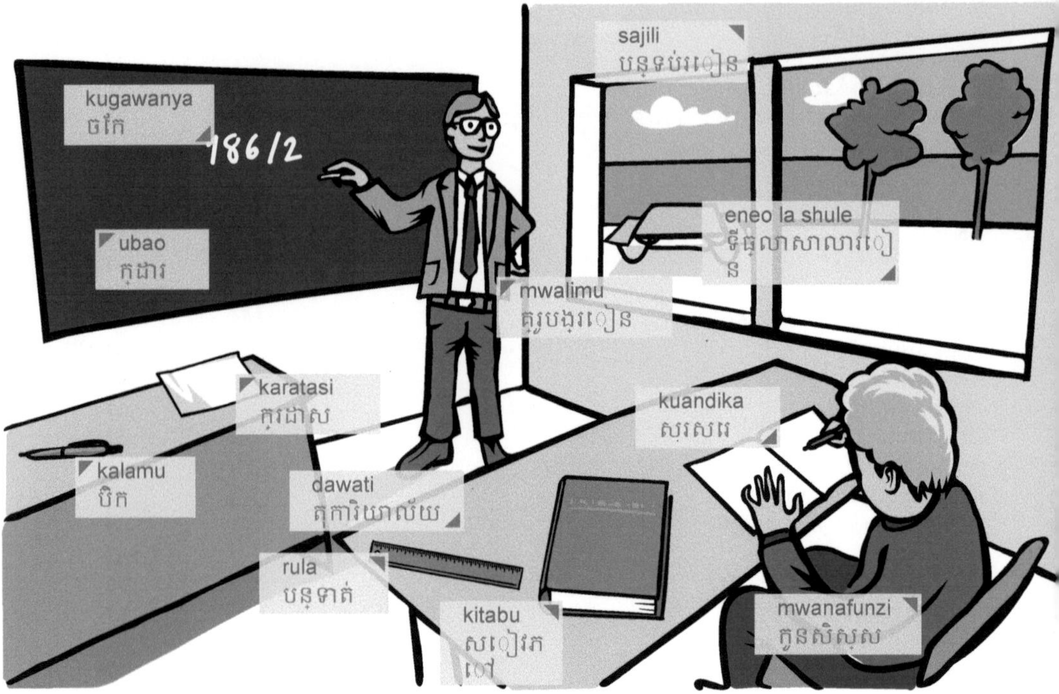

sajili
បន្ទប់រៀន
kugawanya
ចែក
186/2
ubao
ក្ដារ
eneo la shule
ទីធ្លាសាលារៀន
mwalimu
គ្រូបង្រៀន
karatasi
ក្រដាស
kuandika
សរសេរ
kalamu
ប៊ិក
dawati
តុការិយាល័យ
rula
បន្ទាត់
kitabu
សៀវភៅ
mwanafunzi
កូនសិស្ស

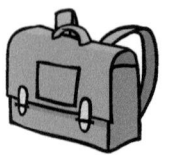

mkoba

សម្ពៀតស្បែក

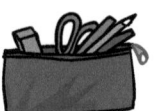

kikasha cha penseli

ប្រអប់ដាក់ខ្មៅដៃ

penseli

ខ្មៅដៃ

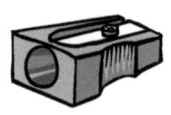

kichonga penseli

ប្រដាប់ខួងខ្មៅដៃ

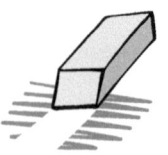

mpira

ជ័រលុប

pedi ya kuchora

ផ្ទាំងគំនូរ

uchoraji

គំនូរ

brashi ya rangi

ជក់គូរ

sanduku la rangi

ប្រអប់ថ្នាំលាប

mkasi

កន្ត្រៃ

gundi

ការបិទ

daftari

សៀវភៅលំហាត់

kazi ya nyumbani

កិច្ចការផ្ទះ

nambari

លេខ

jumlisha

បូក

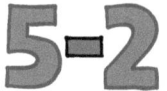

ondoa

ដក

zidisha

គុណ

kokotoa

គណនា

barua

លិខិត

alfabeti

អក្សរក្រម

neno

ពាក្យ

maandishi

អត្ថបទ

kusoma

អាន

chaki

ដីស

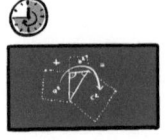

somo

មេរៀន

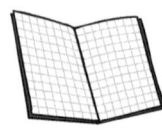

sajili

ចុះឈ្មោះ

uchunguzi

ការប្រលង

cheti

វិញ្ញាបនបត្រ

sare za shule

ឯកសណ្ឋានសាលា

elimu

ការអប់រំ

elezo

សព្វវចនាធិប្បាយ

chuo kikuu

សាកលវិទ្យាល័យ

darubini

មីក្រូទស្សន៍

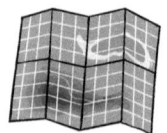

ramani

ផែនទី

kikapu cha kuweka karatasi
chafu

កន្ត្រករដាក់សំរាមក្រដាស

hoteli
សណ្ឋាគារ

Grand

hosteli
សណ្ឋាគារកុមារ

ofisi ya ubadilishanaji
ការិយាល័យប្ដូរប្រាក់

sanduku
រ៉ាលី

gari
រថយន្ត

lugha
ភាសា

ndiyo / la
ហាទ / ទេ

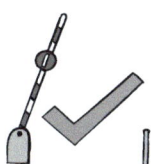

sawa
យល់ព្រម

hujambo
សាយ័ន្តសួស្តី!

mtafsiri
អ្នកបកប្រែ

Asante
សូមអរគុណ

kiasi gani ni ...?

ចូលប៉ុន្មាន... ?

Sielewi

ខ្ញុំមិនយល់

tatizo

បញ្ហា

Jioni njema!

ទិវាសួស្តី!

Habari za asubuhi!

អរុណសួស្តី

Usiku mwema!

រាត្រីសួស្តី!

kwa heri

លាហើយ

mwelekeo

ទិសដៅ

mizigo

អីវ៉ាន់

mfuko

កាបូប

shanta

កាបូបស្ពាយកូររោយ

mgeni

ភ្ញៀវ

chumba

បន្ទប់

begi la kulalia

ថង់ដេក

hema

តង់

taarifa ya utalii

ព័ត៌មានទេសចរណ៍

ufuo

ឆ្នេរ

kadi

កាតឥណទាន

kifunguakinywa

អាហារពេលព្រឹក

chakula cha mchana

អាហារថ្ងៃត្រង់

chakula cha jioni

អាហារពេលល្ងាច

tiketi

សំបុត្រ

kuinua

ជណ្តើរយើយន្ត

muhuri

តែម

mpaka

ព្រំដែន

mila

គយ

ubalozi

ស្ថានទូត

visa

ទិដ្ឋាការ

pasipoti

លិខិតឆ្លងដែន

usafiri
ការដឹកជញ្ជូន

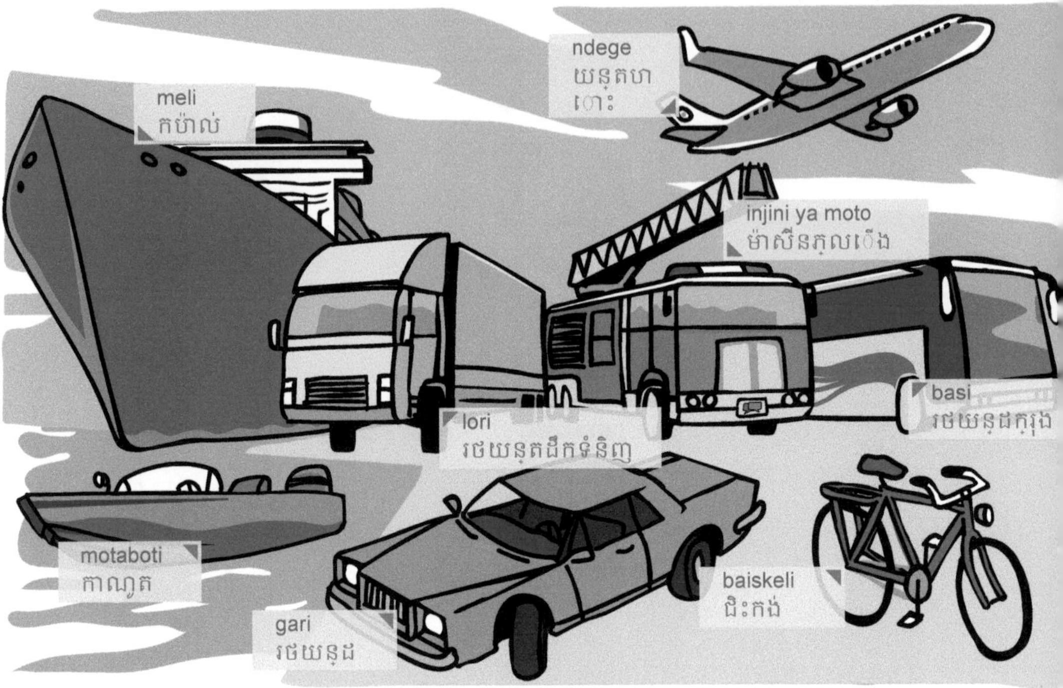
ndege
យន្តហោះ
meli
កប៉ាល់
injini ya moto
ម៉ាសីនភ្លើង
basi
រថយន្តក្រុង
lori
រថយន្តដឹកទំនិញ
motaboti
កាណូត
baiskeli
ជិះកង់
gari
រថយន្ត

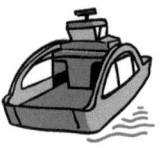

feri
សាឡាង

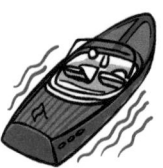

mashua
ទូក

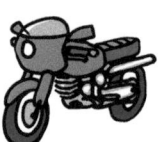

pikipiki
ម៉ូតូ

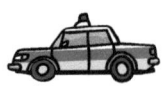

gari la polisi
រថយន្តប៉ូលិស

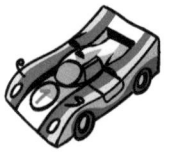

gari la mashindano
រថយន្តប្រណាំង

gari la kukodisha
រថយន្តជួល

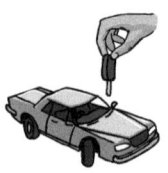

kushiriki gari

ការតែវែលវែរថយនុត

lori la kuvuta

ឡ្មានសុម្មច

ukusanyaji taka

ឡ្មានបុម្មលសំរាម

motor

ម៉្មត្ម

mafuta

បូរ៉ែង៉សនុធន:

kituo cha mafuta

សុថានីយបូរ៉ែង

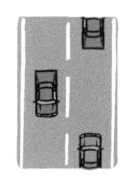

ishara trafiki

សុលាកសញ្ញាចរាចរណ៍

trafiki

ការធ្មរវើចរាចរណ៍

msongamano

កកស្មទ:ចរាចរណ៍

maegesho

ចំណត

kituo cha treni

សុថានីយរថភ្មលវើង

reli

ផ្ល្មវដែក

garimoshi

រថភ្មលវើង

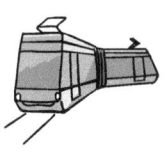

tremu

រថអគ្គិសនី

gari la mizigo

ទូរថភ្មលវើង

helikopta

ឧទ្ធម្ភាគចក្រ

uwanja wa ndege

ពុរលានយន្តហោះ

mnara

ប៉ម

abiria

អ្នកដំណើរ

chombo

កុងតឺន័រ

katoni

ករដាសកាតុង

mkokoteni

រទេះ

kikapu

កញ្ចប់

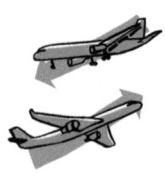

ondoka

ហោះឡេីង / ចុះ

kijiji

ភូមិ

katikati ya jiji

កណ្ដាលទីក្រុង

nyumba

ផ្ទះ

sinema
រោងភាពយន្ត

tangazo
ការផ្សព្វផ្សាយ

taa za mitaani
ចង្កៀងតាមដងផ្លូវ

barabara
ផ្លូវ

teksi
តាក់ស៊ី

duka la vitafunio
ហាងអាហារសម្រន់

mtembea kwa miguu
អ្នកឆ្លងកាត់ផ្លូវជើង

njia ya waenda kwa miguu
ចិញ្ចើមថ្នល់ផ្លូវ

kivuko
គំនូសឆ្លងកាត់

pipa
ធុង

kuvuka
ឆ្លងកាត់

taa za trafiki
គោលភ្លើងសញ្ញាចរាចរណ៍

kibanda

ខ្ទម

gorofa

ផ្ទះល្វែង

kituo cha treni

ស្ថានីយរថភ្លើង

ukumbi wa mji

សាលាក្រុង

Makavazi

សារមន្ទីរ

shule

សាលារៀន

chuo kikuu

សាកលវិទ្យាល័យ

benki

ធនាគារ

hospitali

មន្ទីរពេទ្យ

hoteli

សណ្ឋាគារ

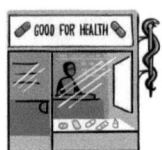

duka la dawa

ឱសថស្ថាន

ofisi

ការិយាល័យ

duka la kitabu

ហាងលក់សៀវភៅ

duka

ហាង

duka la maua

ហាងផ្កា

dukakuu

ផ្សារទំនើប

soko

ទីផ្សារ

idara ya kuhifadhi

ហាងទំនិញ

mwuza samaki

ហាងលក់ត្រី

kituo cha ununuzi

មជ្ឈមណ្ឌលផ្សារទំនើប

bandari

កំពង់ផែ

Hifadhi

ឧទ្យាន

benki

បង្គ

daraja

ស្ពាន

vidato

ជណ្ដើរឡើរ

chini ya ardhi

ផ្លូវក្រោមដី

handaki

ផ្លូវរូងក្រោមដី

kituo cha mabasi

ចំណតរថយន្ដក្នុងក្រុង

bar

បារ

mgahawa

ភោជនីយដ្ឋាន

sanduku la posta

ប្រអប់សំបុត្រ

ishara ya barabara

សញ្ញាតាមដងផ្លូវ

mita ya maegesho

ឧបករណ៍បូមមូលផ្ដល់ចំណត

bustani ya wanyama

សួនសត្វ

kidimbwi cha kuogelea

អាងហាលែទឹក

msikiti

វិហារអ៊ីស្លាម

shamba

កសិដ្ឋហាន

uchafuzi

ការបំពុល

makaburini

ផ្លូវកប់ខ្មោចពោច

kanisa

ពុរវិហារ

uwanja wa michezo

គុររឿងវំអីលក្មងលេង

hekalu

ប្រាសាទ

mazingira
ទេសភាព

jani
សុលឹក

ishara ya mwelekeo
សញ្ញាម្រាប់ទិសដៅ

njia
ផ្លូវ

malisho
វាលស្មៅ

jiwe
ដុំថ្ម

mtembeaji wa masafa
អ្នកឈ្មួលវើងភ្នំ

jiwe
ដុំថ្ម

mti
ដរៀមឈើ

mto
ទន្លេ

nyasi
ស្មៅ

ua
ផ្កា

bonde

ជ្រលងភ្នំ

kilima

កូនភ្នំ

ziwa

បឹង

msitu

ព្រៃឈើ

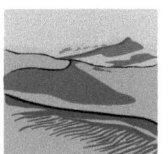

jangwa

វាលខ្សាច់

volkano

ភ្នំភ្លើង

ngome

តេ្យាក្របី

upinde wa mvua

ឥន្ទធនូ

uyoga

ផ្សិត

mtende

ដេីមត្នោត

mbu

មូស

kuruka

រុយ

chungu

ស្រមោច

nyuki

សត្វឃ្មុំ

buibui

ពីងពាង

mende

សត្វកេញ្ចៅ

chura

កង្កែប

kuchakuro

កំប្រុក

nungunungu

សត្វរាំបុរមា

sungura

ទន្សាយសុលឹក

bundi

សត្វទីទុយ

ndege

បក្សី

swan

ហង្ស

nguruwe mwitu

ជ្រូក

kulungu

សត្វក្តាន់

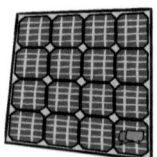

aina ya kongoni

សត្វក្តាន់

bwawa

ទំនប់

tabo ya upepo

កង្ហារខ្យល់

nishaji ya jua

បន្ទះស៊ូឡា

hali ya hewa

អាកាសធាតុ

mgahawa
ភោជនីយដ្ឋាន

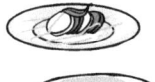

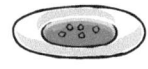

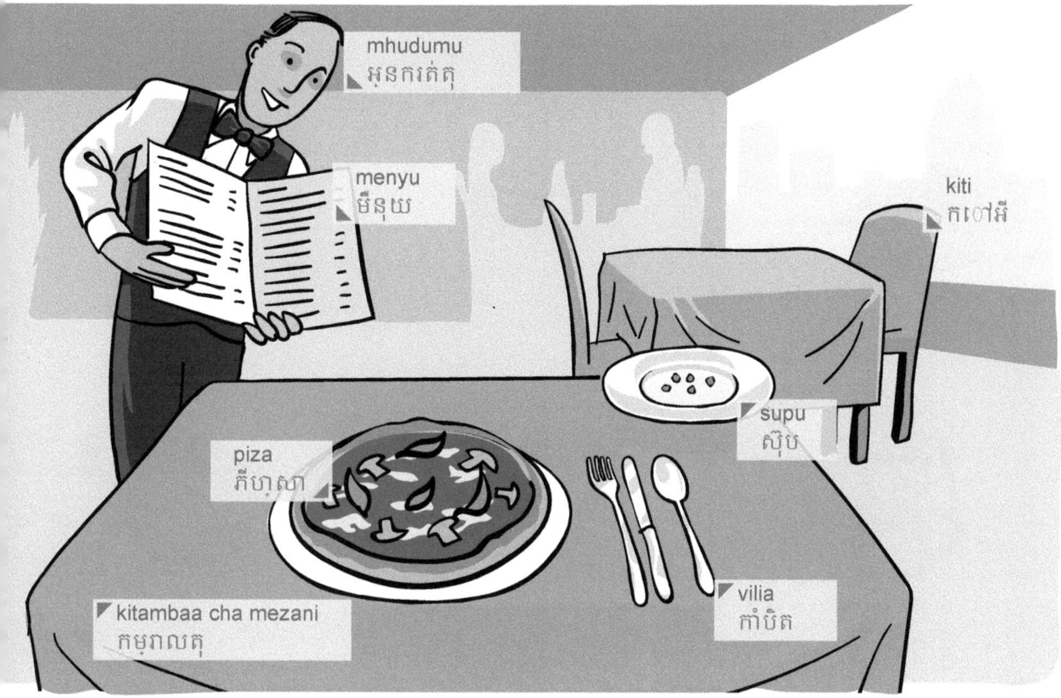
mhudumu
អ្នករត់តុ
menyu
មីនុយ
kiti
កៅអី
supu
ស៊ុប
piza
ភីហ្សា
kitambaa cha mezani
កម្រាលតុ
vilia
កាំបិត

kiamsha hamu
អាហារសម្រន់

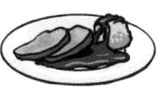

kozi kuu
អាហារសំខាន់

kitindamlo
បង្អែម

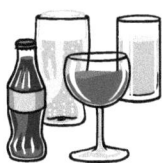

vinywaji
ភេសជ្ជៈ

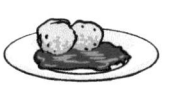

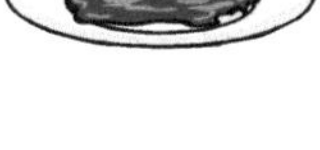

chakula
អាហារ

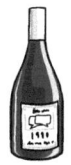

chupa
ដប

chakula cha haraka

អាហារហ័ស

Streetfood

អាហារតាមដងផ្លូវ

buli

ប៉ាន់តែ

kisanduku cha sukari

ប្រអប់ស្ករ

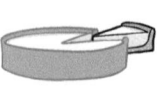

sehemu

ចំណែក

mashine ya espresso

ម៉ាស៊ីនតុងកាហ្វេអ៊ិចស្ព្រែ
ស្ស

kiti kirefu

កៅអីខ្ពស់

muswada

វិក្កយបត្រ

trei

ថាស

kisu

កាំបិត

uma

សម

kijiko

ស្លាបព្រា

kijiko cha chai

ស្លាបព្រាកាហ្វេ

nepi

កន្សែងជូតខ្លួន

glasi

កែវ

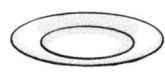

sahani

ចានទាប

sahani ya supu

ចានស៊ុប

sufuria

ចានទូរនាប់

mchuzi

ទឹកជ្រលក់

kichanyaji chumvi

ដបអំបិល

kinu cha pilipili

ប្រដាប់កិនម្រេច

siki

ទឹកខ្មេះ

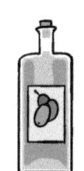

mafuta

ប្រេង

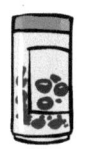

viungo

គ្រឿងទេស

kechapu

ទឹកប៉េងប៉ោះ

haradali

ម៉ូតាក

kachumbari nzito

ទឹកមយ៉ូណាវ

dukakuu
ផ្សារទំនើប

ofa maalum
ការផ្តល់ជូនពិសេស
FOR
mteja
អតិថិជន
maziwa
ទឹកដោះគោ
matunda
ផ្លែឈើ
toroli
រទេះរុញ

BUTCHERS

mchinjaji

ហាងកាប់ជ្រូក

BAKERY

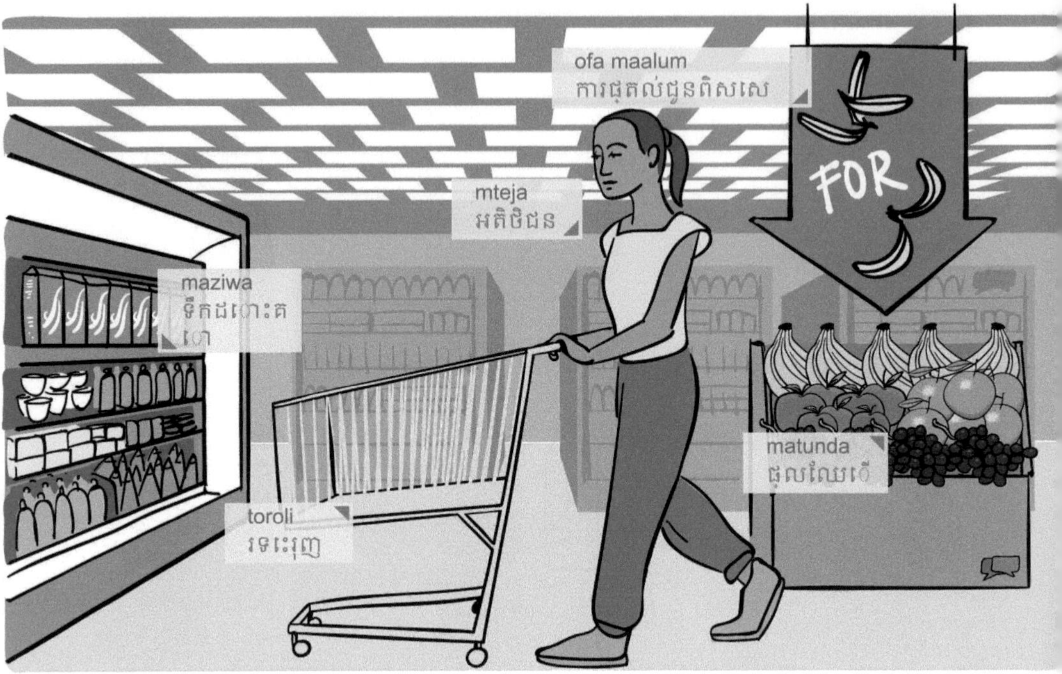

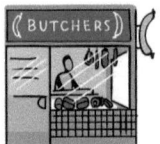

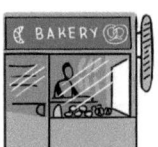

mwokaji

ហាងដុតនំ

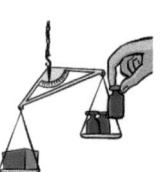

uzito

ថ្លឹង

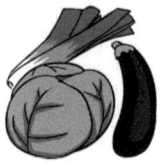

mboga

បន្លែ

nyama

សាច់

chakula waliohifadhiwa

អាហារក្លាស្សេ

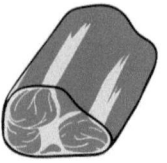

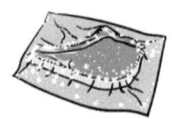

vipande vya nyama baridi

សាច់កុលាសរ

chakula cha kopo

អាហារកំប៉ុង

sabuni ya unga

មុសហ្វាំង

pipi

សុអរតុរាប់

bidhaa za kaya

ផលិតផលក្នុងគ្រួសារ

bidhaa za kusafisha

ផលិតផលសម្អាត

mtu mauzo

អ្នកលក់

mpaka

ថតដាក់លុយ

keshia

បង្កា

orodha ya manunuzi

បញ្ជីទិញទំនិញ

masaa ya ufunguzi

ម៉ោងធ្វើការ

mkoba

កាបូបលុយបុរស

kadi

កាតឥណទាន

mfuko

ថង់

mfuko wa plastiki

ថង់បុលាស្ទិច

maji

ទឹក

sharubati

ទឹកផ្លែឈើ

maziwa

ទឹកដោះគោ

coke

កូកាកូឡា

mvinyo

ស្រា

bia

ស្រាបៀរ

pombe

គ្រឿងស្រវឹង

kakao

កាកាវ

chai

តែ

kahawa

កាហ្វេ

spreso

កាហ្វេអ៊ិចស្ព្រេស្សូ

kapuchino

កាហ្វេកាពូឈីណូ

ndizi

ចេក

tufaha

ផ្លែប៉ោម

machungwa

ផ្លែក្រូច

tikiti

ឪឡឹក

lemon

ក្រូចឆ្មា

karoti

ការ៉ុត

kitunguu saumu

ខ្ទឹម

mianzi

ឬស្សី

kitunguu

ខ្ទឹមហារ៉ាំង

uyoga

ផ្សិត

karanga

គ្រាប់ផ្លែឈើ

nudo

មី

spageti

ម៉ីអ៊ីតាល់

mpunga

បាយ

saladi

សាឡាត់

vibanzi

ដំឡូងចៀន

viazi vya kukaanga

ដំឡូងចៀន

piza

ភីហ្សា

hambaga

ប៊ឺហ្គឺ

sandwichi

សាំងវិច

kipande

សាច់ជាប់ឆ្អឹងជំនី

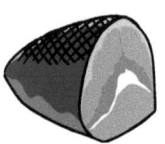

paja la mnyama

ហាំ

salami

សាឡាមី

soseji

សាច់ក្រក

kuku

សាច់មាន់

choma

អាំង

samaki

ត្រី

oats ya uji
អាវ័នបបរ

muesli
មុឃ្យីសុលី

cornflakes
ដំឡូងចំណិត

unga
មុសរៅ

kroisanti
នំគួរសង់

andazi
នំប៉ុងមុយ៉ាងមូលគួចៗ

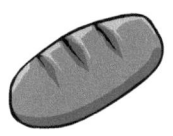

mkate
នំប៉ុង

mkate wa kubanika
អាំង

biskuti
នំប៊ីស្កត៊ី

siagi
ប័រ

maziwa mgando
ទឹកដេាះខាប់

keki
នំខេក

yai
ស៊ុត

yai kukaanga
ស៊ុតចៀន

jibini
ឈីស

aiskrimu

ការ៉េម

sukari

សុករ

asali

ទឹកឃ្មុំ

jemu

ជំណាប់

kuenea kwa chokoleti

គ្រឿមតាំងម៉ៃ

mchuzi wa viungo

ការ៉ី

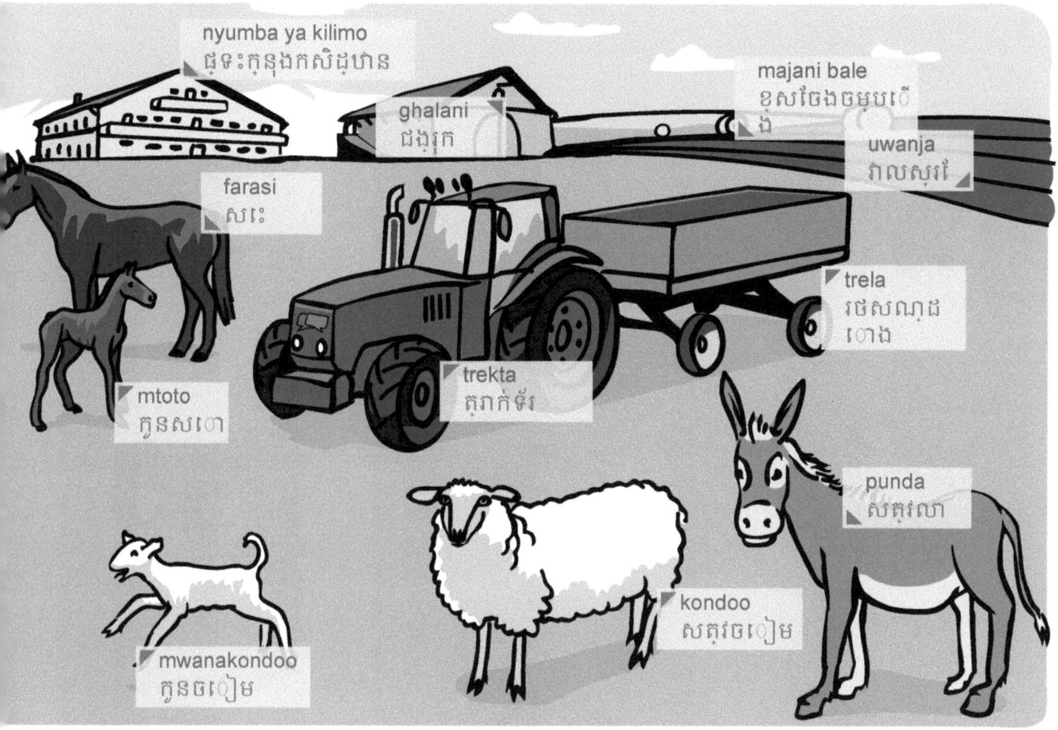

nyumba ya kilimo
ផ្ទះក្នុងកសិដ្ឋហាន

majani bale
ខ្សែចែងចម្បបរើ
ដុំ

ghalani
ជង្រុក

uwanja
វាលស្មៅរើ

farasi
សរៈ

trela
រថសណ្ដុជ
ទោង

mtoto
កូនសរៃ

trekta
តុរាក់ទឺរ

punda
សត្វលា

mwanakondoo
កូនចៀម

kondoo
សត្វចៀម

mbuzi
....
ពពែ

ng'ombe
....
គេទេញ្ញ

ndama
....
កូនគេទោ

nguruwe
....
ជ្រូក

mwananguruwe
....
កូនជ្រូក

fahali
....
គេទោឈ្មមទោល

batabukini

សត្វក្ងាន

bata

ទា

kifaranga

កូនមាន់

kuku

មមោន់

jogoo

មាន់ឈ្មោល

panya

កណ្ដុរ

paka

ឆ្មា

panya

កណ្ដុរប្រមេះ

ng'ombe

គោឈ្មោល

mbwa

ឆ្កែ

nyumba ya mbwa

ផ្ទះឆ្កែ

bomba la bustani

ទុយោទឹក

debe la kumwagilia maji

ធុងស្រោចទឹក

fyekeo

ខូវែបក

kulima

នង្គ័ល

mundu

កណ្ដៀវរ

jembe

ចបកាប់

uma wa nyasi

រនាស់

shoka

ពូថៅ

toroli

រទេះរុញ

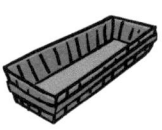

kupitia nyimbo

ស្នូក

chombo cha maziwa

កំប៉ុងទឹកដោះគោ

gunia

ហារ

ua

របង

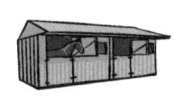

imara

ក្រុរោល

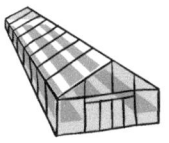

chafu

ផ្ទះទេះកញ្ចក់

udongo

ដី

mbegu

គ្រាប់ពូជ

mbolea

ជី

kivunaji

ម៉ាស៊ីនបុរមួលផល

mavuno
បុរមួលផល

mavuno
ការបុរមួលផល

viazi vikuu
ដំឡូងជួរ

ngano
សុវរសាលី

soya
សណ្ឌកែសឿង

viazi
ដំឡូងជួរ

mahindi
ពេពោត

rapa
គុរាប់បុរងៃរបៃ

mti wa matunda
ដេីមឈេឺហ្យបផ្លៃល

muhogo
ដំឡូងម៉ិ

nafaka
ធញ្ញជាតិ

chimni
បំពង់ផ្សែងដែ

paa
ដំបូល

bomba la maji ya mvua
ទរបង្ហូរហូរទឹក

dirisha
បង្អួច

gareji
ហ្គារ៉ាស់

kengele ya mlangoni
កណ្ដឹងនឹងទ្វារ

mlango
ទ្វារ

pipa la taka
ធុងសំរាម

sanduku la barua
ប្រអប់សំបុត្រ

bustani
សួនច្បារ

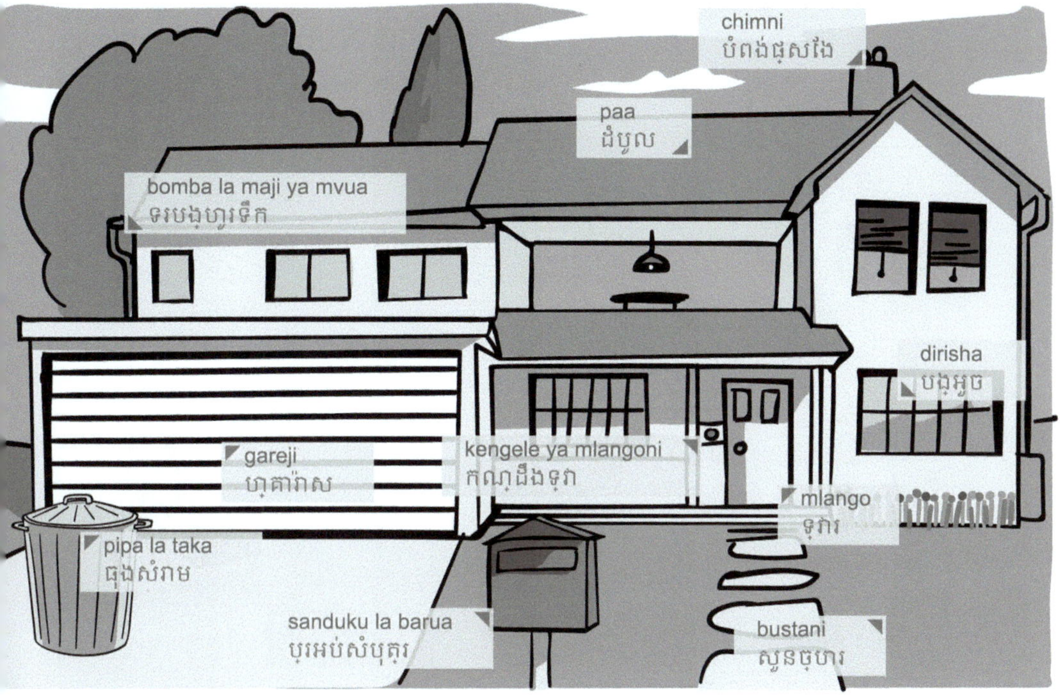

sebuleni
បន្ទប់ទទួលភ្ញៀវ

bafu
បន្ទប់ទឹក

jikoni
ផ្ទះបាយ

chumba cha kulala
បន្ទប់គេង

chumba ya mtoto
បន្ទប់របស់កុមារ

chumba cha kulia
បន្ទប់ទទួលទានអាហារ

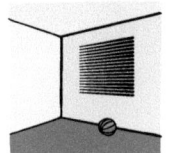

sakafu

ជាន់

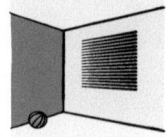

ukuta

ជញ្ជាំង

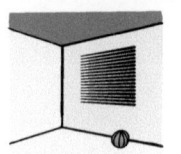

dari

ពិដាន

pishi

បន្ទប់ក្រោមដី

sauna

ស្ងូណា

roshani

យ៉ូរ

mtaro

ផ្ទះវាំបសុមឈ្នើនទៅជម្រាល
ភ្នំ

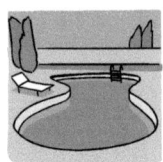

kidimbwi

អាងហាលែទឹក

mashine ya kukata nyasi

ម៉ាស៊ីនកាត់សុមទៅ

karatasi

សន្លឹក

kitambaa cha kupamba
kitanda

កម្រាលគ្រែដេក

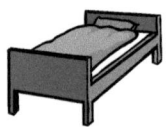

kitanda

គ្រែ

ufagio

អំបោស

ndoo

ធុង

kubadili

កុងតាក់

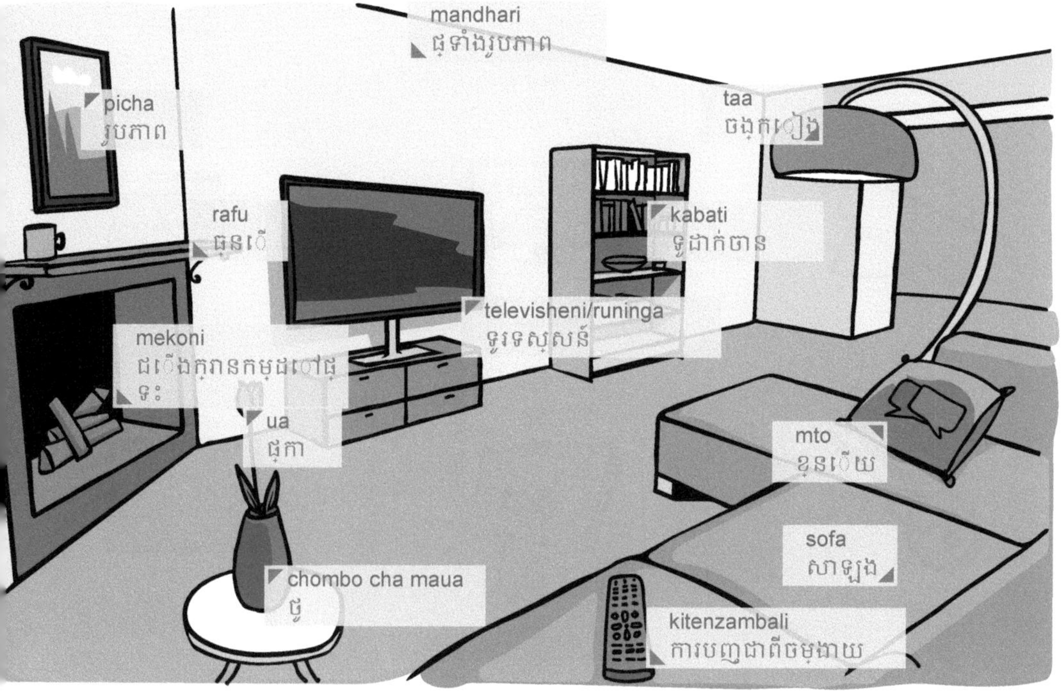

mandhari
ផ្ទាំងរូបភាព

picha
រូបភាព

taa
ចង្កូតរៀប

rafu
ធ្នើរ

kabati
ទូជាក់ចាន

mekoni
ជញ្ជើងក្រានកម្មជរៅផ្ទ
១៖

televisheni/runinga
ទូរទស្សន៍

ua
ផ្កា

mto
ខ្នើយ

chombo cha maua
ថ្មី

sofa
សាឡុង

kitenzambali
ការបញ្ជាពីចម្ងាយ

zulia
កម្រាលព្រំ

pazia
រាំងនន

meza
តុ

kiti
កោរៅអី

kiti cha bembea
កោរៅអីបាកប់បើក

armchair
កោរៅអីកុនាកដៃ

kitabu

សៀវភៅទៅ

blanketi

ភួយ

mapambo

ការតុបតែង

kuni

អុសដុត

filamu

ខុសភាពយន្ត

kifaa cha hi-fi

ឧបករណ៍ Hi-Fi

ufunguo

កូនសោ

gazeti

កាសែត

uchoraji

គំនូរ

bango

ផ្ទាំងរូបភាព

redio

វិទ្យុ

daftari

ណុតធគេ

kifyonza

ម៉ាស៊ីនបូមធូលី

dungusi kakati

ដំបងាយកុស

mshumaa

ទៀន

jikoni
ផ្ទះបាយ

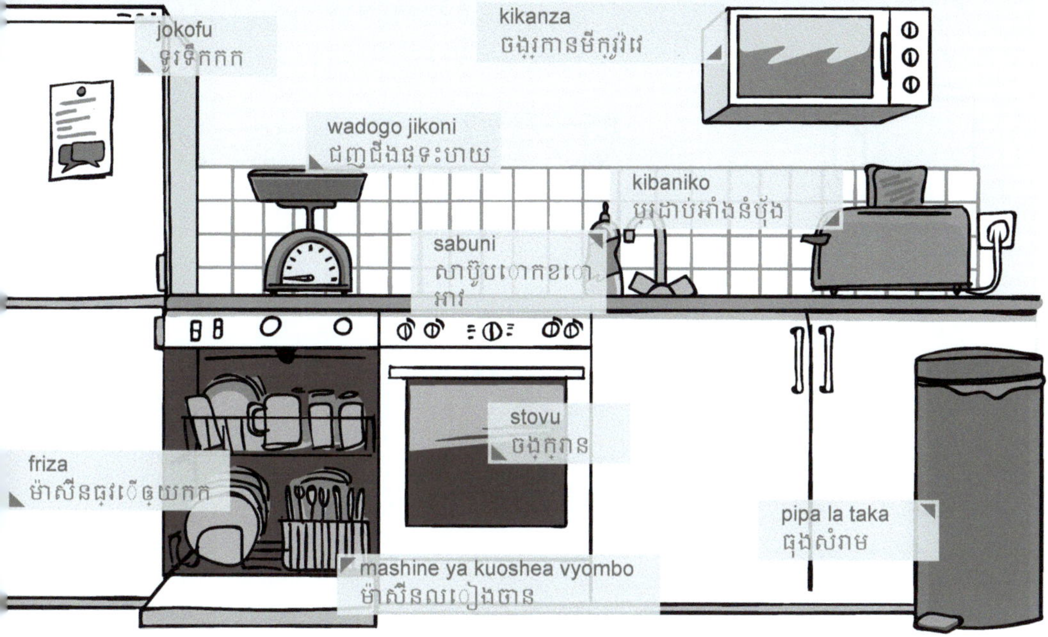
jokofu
ទូរទឹកកក
kikanza
ចង្រ្កានមីក្រូវេវ
wadogo jikoni
ជញ្ជីងផ្ទះបាយ
kibaniko
ប្រដាប់អាំងនំប៉័ង
sabuni
សាប៊ូបោកខោអាវ
stovu
ចង្ក្រាន
friza
ម៉ាស៊ីនធ្វើទឹកកក
mashine ya kuoshea vyombo
ម៉ាស៊ីនលាងចាន
pipa la taka
ធុងសំរាម

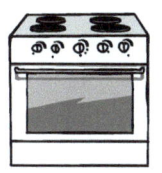

jiko la kupika

ចង្ក្រាន

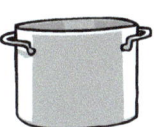

chungu

ឆ្នាំង

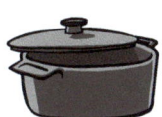

sufuria ya chuma

ឆ្នាំងដែក

wok / kadai

ខ្ទះ / ខ្ទះឥណ្ឌា

kaango

ខ្ទះ

birika

កំសៀវ

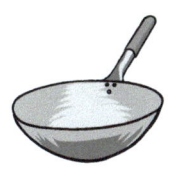

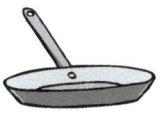

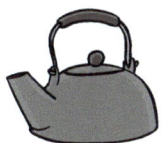

stima

ឆ្នាំងចំហុយ

sinia ya kuoka

ថាសដុតនំ

vyombo vya udongo

គរៀងចានឆ្នាំងដី

kombe

ថ្

bakuli

ចានគទោម

vijiti vya kulia

ចង្កឺះ

ukawa

វែកសមុល

mwiko mpana

វែកក្ដរ

burashi

បុរដាប់វាយកុម្ពែក

kichujio

តម្រង

chujio

កន្ត្រង

mbuzi

បុរដាប់កទោសដុង

chokaa

គុហាល់

barbeque

ការអាំងសាច់

moto wazi

ចង្ក្រានចំហា

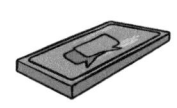

ubao wa majaribio

ផ្ទុរញ្ញ

kijiti cha kusukuma unga

បុរដាប់កិនម្សៅ

kizibuo

បុរដាប់ម្សៅរបេ៊ីកឆ្នុកស្រា

kopo

កំប៉ុង

inaweza kopo

បុរដាប់បេ៊ីកកំប៉ុង

kishikio cha chungu

ក្រណាត់ទ្រាប់ឆ្នាំង

karo

កន្លងលាងចាន

brashi

ជក់

sifongo

អ៊ប៉ុង

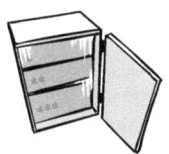

kisagaji matunda

ម៉ាស៊ីនកូរទ្បែក

friji ya kina

ទូរទឹកកកខ្នាតតូច

chupa ya mtoto

ដបទឹកដបេ៉ះតេ៉

bomba

រ៉ូប៊ីណេ

បន្ទប់ទឹក

joto
កម្ដៅ

mfereji wa kuogea
ផ្កាឈូក

taulo
កន្សែង

pazia la kuogea
វាំងននងងុតទឹកផ្កាឈូក

maji ya kuoga yenye povu
ការងូតទឹកពពុះ

hodhi
អាងងូតទឹក

glasi
កែវ

mashine ya kuosha
ម៉ាស៊ីនបោកពោកគត់

vigae
កូវ្ឌ្យាក្រុបឿង

bomba
រ៉ូប៊ីណេ

poti
ចានបង្គន់

karo
កន្សែលវែងណាងចាន

choo
បង្គន់

choo cha squat
បង្គន់អង្គុយ

beseni la mviringo
ផរ៊ីងជម្ងរៈកាយ

choo cha umma
កុល៉ាទីកនពោម

shashi
កូវដោសបង្គន់

brashi ya choo
ចុរាសដុសបង្គន់ន

mswaki
ច្រាសដុសធ្មេញ

dawa ya meno
ថ្នាំដុសធ្មេញ

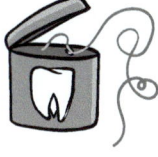

dawa ya meno
ខ្សែទោក័សម្អអាតធ្មេញ

safisha
លាង

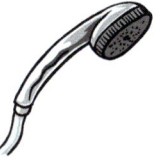

kuoga mkono
បូរដាប់ដាក់ដៃផ្កាឈូក

msukumo wa maji
ទឹកថ្នាំសម្អាប់ហាញ់លាង

bonde
អាង

mpako wa pili
ច្រាសដុសខ្នង

sabuni
សាប៊ូ

jeli ya kuogea
ៀលសម្អាប់ងួតទឹកផ្កាឈូ
ក

shampuu
សាប៊ូ

flana
សកុលាត

toa maji
បំពង់បង្ហូរទឹក

krimu
ក្រែម

kiondoa harufu
ថ្នាំបំបាត់ក្លិនមិនអាក្រក់

kioo

កញ្ចក់

kioo mkono

កញ្ចក់ដៃ

kinyozi

ឧបដ្ឋាប់កកោរ

povu la kunyoa

ហ្វូមកកោរពុកមាត់

baada ya kunyoa

ទឹកលាងក្រោយកកោរពុកមាត់រួច

kichana

ក្រាស

brashi

ជក់

kikausha nywele

ឧបដ្ឋាប់សម្ងួតសក់

marashi ya nyewele

សុព្វរាយបាញ់សក់

vipodozi

ការតុបតែងមុខ

kidomwa

ក្រមៃលាបមាត់

varnish ya msumari

ថ្នាំលាបក្រចក

pamba

រោមកប្បាស

mkasi wa kucha

កន្ត្រៃកាត់ក្រចក

manukato

ទឹកអប់

mkoba wa kuosha

កាបូបបោកគក់

kinyesi

លាមក

mizani

ជញ្ជីងថ្លឹងទម្ងន់

nguo ya kuoga

អាវពាក់ងូតទឹក

glavu za mpira

ស្រោមដៃកៅស៊ូ

kisodo

ឪនុក

sodo

កន្សែងអនាម័យ

kemikali choo

បង្គន់គីមី

chumba ya mtoto
បន្ទប់របស់កុមារ

saa ya kengele
នាឡិការោទ៍
kidoli cha kupakata
ប្រដាប់ក្មេងអោបលេង
gari bandia
រថយន្តក្មេងលេង
kelele
ប្រដាប់អង្រន់លេង
chumba cha midoli
ផ្ទះកូនក្រមុំជ័រ
sasa
អំណោយ

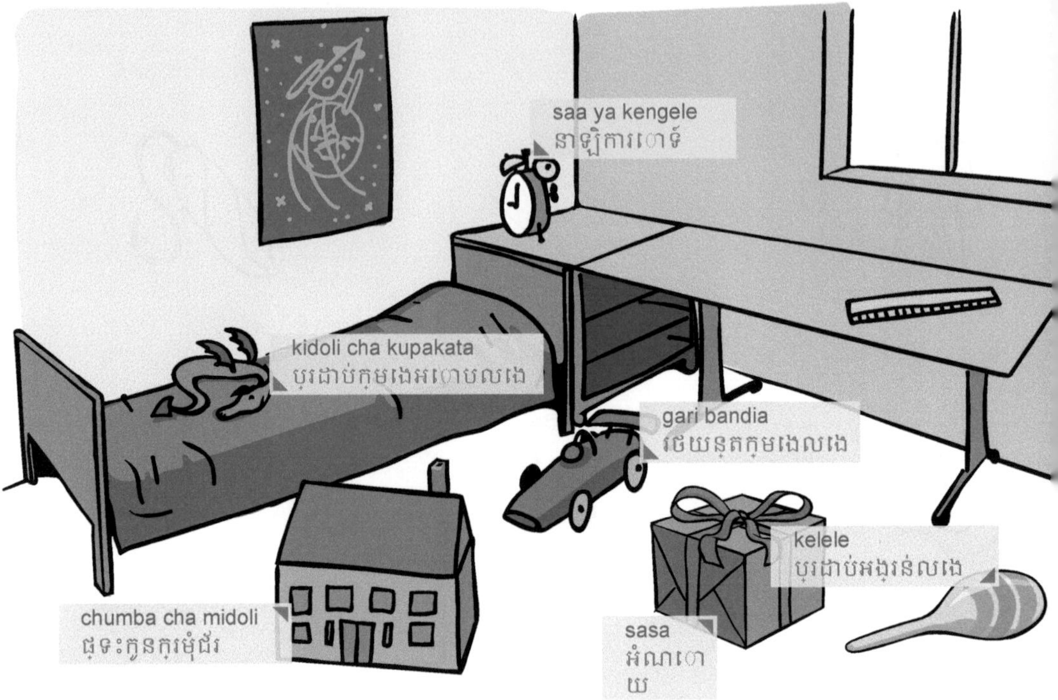

baluni

ប៉េងប៉ោង

kitanda

គ្រែ

mashua

រទេះរុញទារក

staha ya kadi

ហ៊ូបបៀ

mchezo-fumb

រូបផ្គុំ

SUPER
MEGA

vichekesho

កំប្លែង

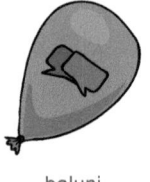

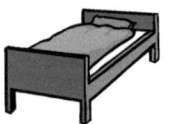

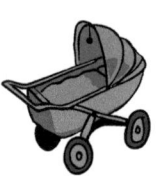

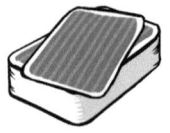

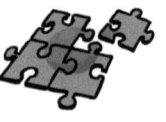

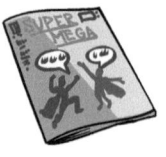

matofali lego

ផ្គុំ Lego

vitalu mwigo

បុ្លកប៉ុដោ៍ប៉កុមដេងលេង

hatua takwimu

តុលខេសកម្មភាព

suti ya kulalia

ខោអាវទារក

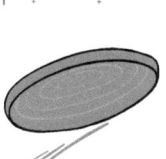

kisahani

ការគប់ចាស

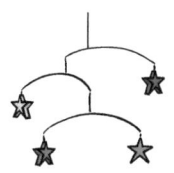

simu

ទូរស័ព្ទដៃ

ubao wa michezo

ក្តារលេ្បងបៃ

kete

គុរាប់ឡ្រកឡ្រាក់

garimoshi mwigo

ឈុតរថភ្លលេ៊ីងគំរ

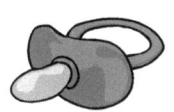

dummy

រូបស័ំណាក

chama

គណាបកុស

picha kitabu

សរ្បៀវក្បៅរូបភាព

mpira

បាល់

kikaragosi

កូនក្រុម៉ុំតុក្កតា

kucheza

លេង

shimo la mchanga

 រណ្តៅទៅខ្សាច់

bembea

ទោង

vitu bandia

ុរដាប់កុមងេលង

kiweko cha video ya mchezo

កុងស្ួលវិដេអ្ូហ្គតមេ

baiskeli ya magurudumu

គ្រីចក្ុរយានយន្ត

matatu

mwanasesere

តុក្កតាខុលាយុម៉ុ

kabati

ទូខោអាវ

nguo

សមុលពៀ្កបំពាក់

soksi

ស្ុរពោមជ្ើ្ង

stokingi

ស្ុរពោមជ្ើ្ងវែ្ង

kibano

ខពោទ្ុរនាប់នារី

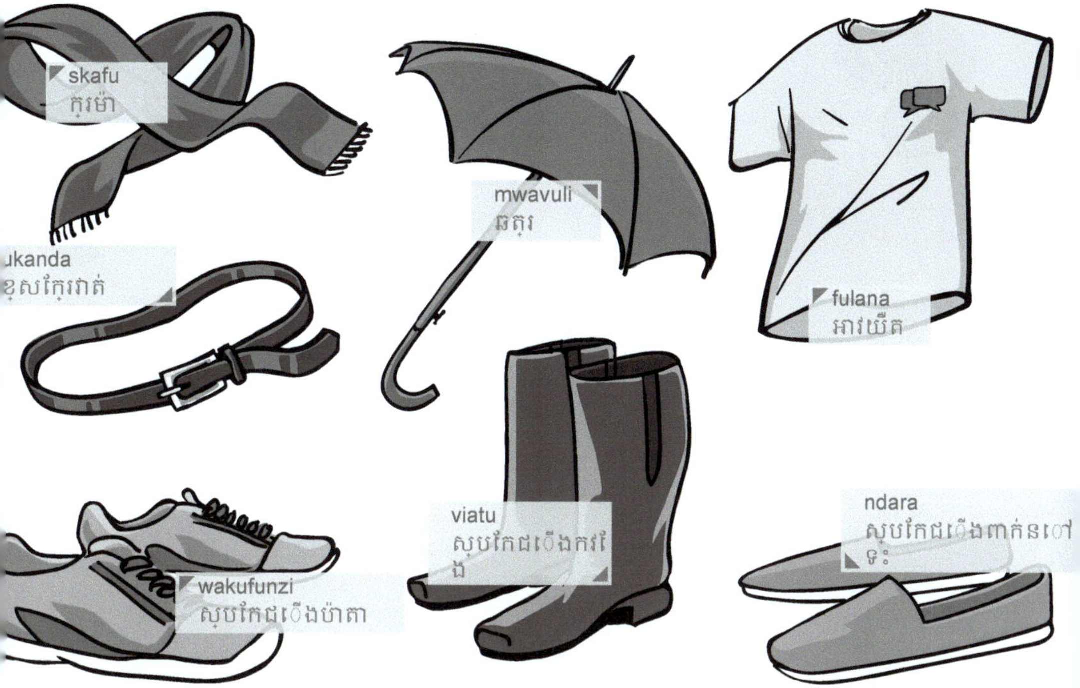
skafu
ក្រម៉ា
mwavuli
ឆត្រ
ukanda
ខ្សែក្រវាត់
fulana
អាវយឺត
viatu
ស្បែកជើងកវែង
ndara
ស្បែកជើងពាក់នៅផ្ទះ
wakufunzi
ស្បែកជើងប៉ាតា

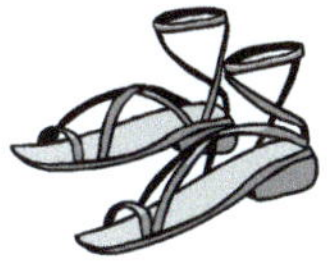

malapa

ស្បែកជើងសង្រែក

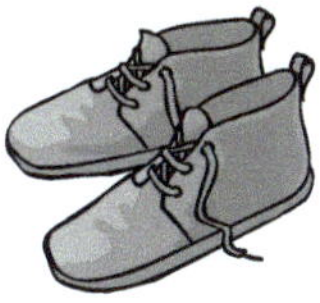

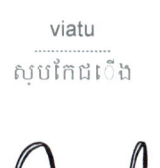

viatu

ស្បែកជើង

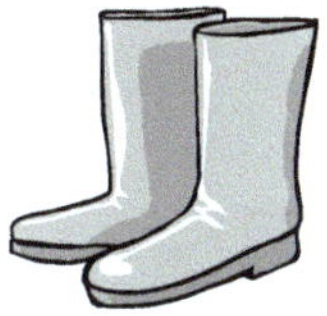

mabuti ya mpira

ស្បែកជើងកវែងកៅស៊ូ

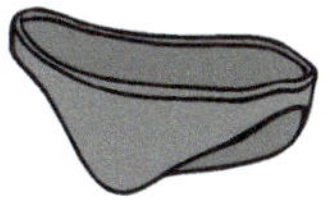

suruali ya ndani

ខោទ្រនាប់បុរស

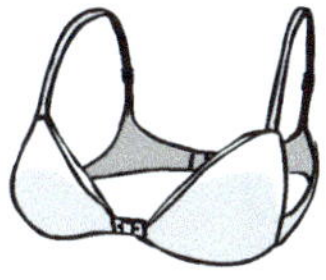

sidiria

អាវទ្រនាប់

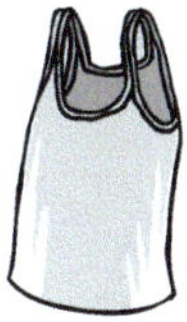

fulana

អាវកាក់

mwili

រាងកាយ

suruali

ខោទៅវែង

dangirizi

ខោទៅខ្លីចឹយ

sketi

សំពត់

blauzi

អាវកុរេទៅ

shati

អាវ

vuta

អាវយឺត

sweta

អាវយឺត

bleza

អាវធំ

jaketi

អាវកុរេទៅ

koti

អាវធំ

koti la mvua

អាវកុឡ្យរេាង

maleba

គុរេាងតវែង

gauni

អាវវែង

mavazi ya harusi

សំលរៀកបំពាក់អាពាហ៍ពិពាហ៍

suti

ខោអាវឈុត

vazi la usiku

រ៉ូបរាត្រី

pajama

ឈុតគេង

sari

សារី

skafu

កន្សែងជូតកុហាល

kilemba

គ្មួនួត

burka

ស្បៃមុខ

kaftan

kaftan

abaya

abaya

vazi la kuogelea

ឈុតហាលែទឹក

vazi la kiume la kuogelea

ខោខ្លី

kaptura

ខោខ្លី

teitei

ឈុតហាត់កីឡា

aproni

អាវអេប្រ៉ុម

glavu

ស្រោមដៃ

kifungo
ឡូវេអាវ

glasi
វ៉ែនតា

bangili
ខ្សែដៃ

mkufu
ខ្សែក

pete
ចិញ្ចៀន

herini
កុរវិល

kofia
មួក

kiango cha koti
បុរដោបត់ឃ្យូអាវកុរទៅ

kofia
មួក

tai
កុរវាត់ក

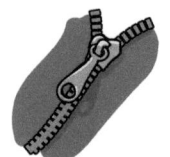

zipu
រុត

kofia
មួកសុវត្ថិភាព

kanda za suruali
ខ្សែវៃ

sare za shule
ឯកសណ្ឋានសាលា

sare
ឯកសណ្ឋាន

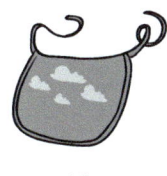

bibu

អៀមទារក

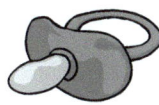

dummy

រូបសំណាក

nepi

ខោទឹកនោម

ofisi
ការិយាល័យ

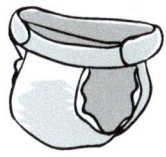

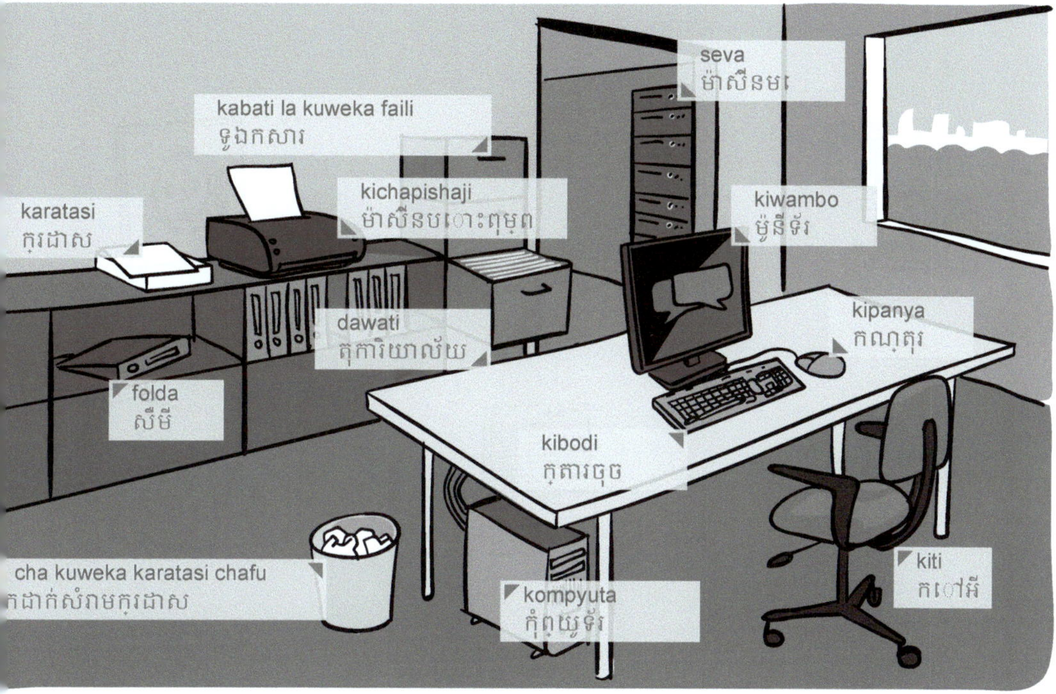
seva
ម៉ាស៊ីនមេ
kabati la kuweka faili
ទូឯកសារ
kichapishaji
ម៉ាស៊ីនបោះពុម្ព
karatasi
ក្រដាស
kiwambo
ម៉ូនីទ័រ
dawati
តុការិយាល័យ
kipanya
កណ្ដុរ
folda
ស៊ីឌី
kibodi
ក្ដារចុច
cha kuweka karatasi chafu
កដាក់សំរាមក្រដាស
kompyuta
កុំព្យូទ័រ
kiti
កៅអី

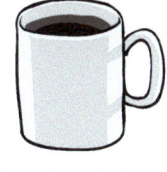

kmobe la kahawa

កែវកាហ្វេ

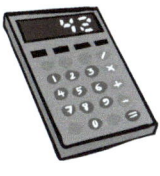

kikokotoo

ម៉ាស៊ីនគិតលេខ

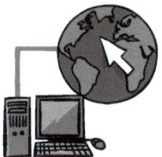

biashara

អីនធឺណិត

mbali

កុំព្យូទ័រយួរដៃ

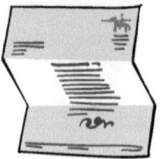

barua

លិខិត

ujumbe

សារ

rununu

ទូរស័ព្ទដៃ

intaneti

បណ្តាញ

fotokopia

ម៉ាស៊ីនថតចម្លង

programu

ស្វូហ្វឺរវែរ

simu

ទូរស័ព្ទ

soketi

រន្ធជជៈោត

kipepesi

ម៉ាស៊ីនទូរសារ

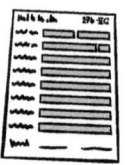

fomu

ទម្រង់បែបបទ

hati

ឯកសារ

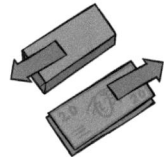

kununua

ទិញ

kulipa

បង់ប្រាក់

biashara

ផ្លូរវើជំនួញ

fedha

លុយ

dola

ប្រាក់ដុល្លារ

yuro

ប្រាក់អឺរ៉ូ

yeni

ប្រាក់យ៉េន

rouble

ប្រាក់រ៉ូប៊ិល

faranga ya Uswisi

ហ្វ្រង់ស្វីស

renminbi yuan

ប្រាក់យ៉ន

rupia

ប្រាក់រូពី

eneo la kulipia

កន្លែងដែលប្រើសាច់ប្រាក់

ofisi ya ubadilishanaji

ការិយាល័យបូរគូរប្រាក់

dhahabu

មាស

fedha

ប្រាក់

mafuta

ប្រេង

nishati

ថាមពល

bei

តម្លៃ

mkataba

កិច្ចសន្យា

kodi

ពន្ធ

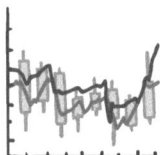

bidhaa

ភាគហ៊ុន

kazi

ធ្វើការ

mfanyakazi

បុគ្គលិក

mwajiri

និយោជក

kiwanda

រោងចក្រ

duka

ហាង

afisa wa polisi
មន្ត្រីប៉ូលិស

mzimamoto
អ្នកពន្លត់អគ្គិភ័យ

mpishi
ចុងភៅ

daktari
វេជ្ជបណ្ឌិត

rubani
អ្នកបើកយន្តហោះ

mtunza bustani
អ្នកថែស្វន

seremala
ជាងឈើ

mshonaji
ជាងកាត់ដេរ

hakimu
ចៅក្រម

mwanakemia
គីមីវិទ្យូ

muigizaji
តួកុន

dereva wa basi

អ្នកបើកឡានក្រុង

dereva wa teksi

អ្នកបើកតាក់ស៊ី

mvuvi

អ្នកនេសាទ

mwanamke wa kusafisha

ស្តរីអ្នកសម្អាត

mwezekaji

ជាងដំបូល

mhudumu

អ្នករត់តុ

mwindaji

អ្នកបរបាញ់សត្វ

mchoraji

វិចិត្រករ

mwokaji

អ្នកដុតនំ

umeme

ជាងអគ្គីសនី

mjenzi

ជាងសំណង់

mhandisi

វិស្វករ

mchinjaji

អ្នកកាប់សាច់

fundi bomba

ជាងជួសជុលទុយោទឹក

mwanaposta

អ្នករត់សំបុត្រ

mwanajeshi

ទាហាន

msanifu majengo

ស្ថាបត្យករ

keshia

បេឡា

muuza maua

អ្នកលក់ផ្កា

msusi

អ្នកអ៊ិតសក់

kondakta

អ្នកយកលុយ

mekanika

ជាងម៉ាស៊ីន

nahodha

កាព័ទនៃ

daktari wa meno

ពទ្យធ្មេញ

mwanasayansi

អ្នកវិទ្យាសាស្ត្រ

rabbi

គ្រូបង្រៀនច្បាប់សញ្ញជាតិ
ជ៊ីហ្វ

imamu

លោកសង្ឃយចាម

mtawa

ព្រះសង្ឃយ

kasisi

បព្វជិត

zana
ឧបករណ៍

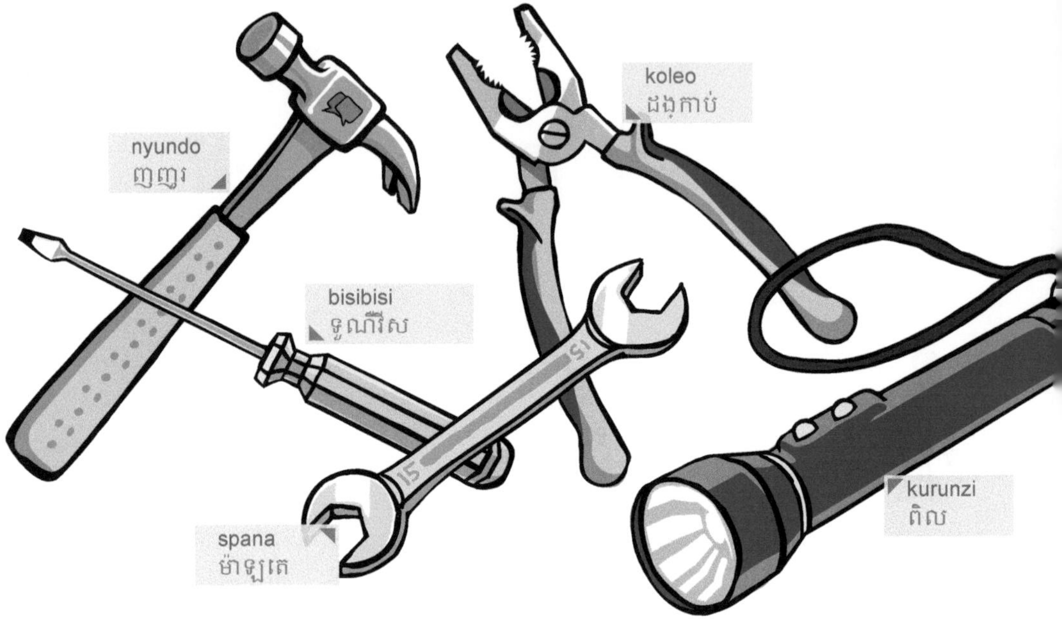

nyundo
ញញួរ
koleo
ដង្កាប់
bisibisi
ទួណឺវីស
spana
ម៉ាឡេត
kurunzi
ពិល

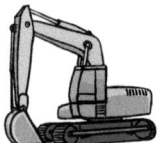

mchimbaji
ម៉ាស៊ីនជីក

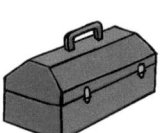

sanduku la vifaa
ប្រអប់ឧបករណ៍

ngazi
ជណ្ដើរ

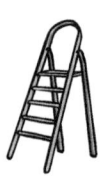

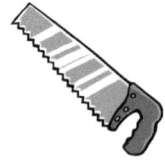

msumeno
រណារ

misumari
ដែកគោល

kuchimba visima
ប្រដាប់ស្វាន

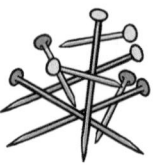

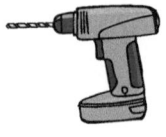

kukarabati

ជួសជុល

sepetu

ប៉ែល

Lo!

ចង្រៃ!

kishikio cha uchafu

បុរដាប់ចួកធូលី

chungu cha rangi

ធុងថ្នាំពណ៌

skurubu

វីស

ala za muziki

ឧបករណ៍តន្ត្រី

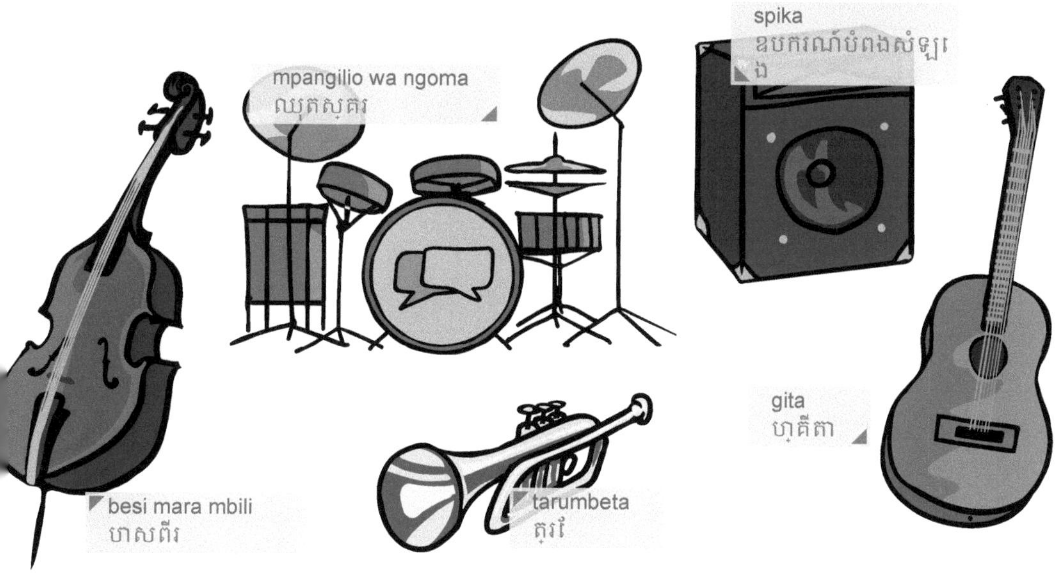

spika
ឧបករណ៍បំពងសម្លេង

mpangilio wa ngoma
ឈុតសូរ័

gita
ហ្គីតា

besi mara mbili
ហាសព័រ

tarumbeta
ត្រូវ៉ែ

piano

ពុយ៉ាណូ

fidla

វីយ៉ូឡុង

ubeji

ហាស

timpani

ស្គររពាសសុបកែមុយ៉ាង

ngoma

ស្គរ

kibodi

យីបត

saksafoni

សាក់ស្គហ្វូន

filimbi

ខ្លុយ

maikrofoni

ម៉ីក្រូហ្វូន

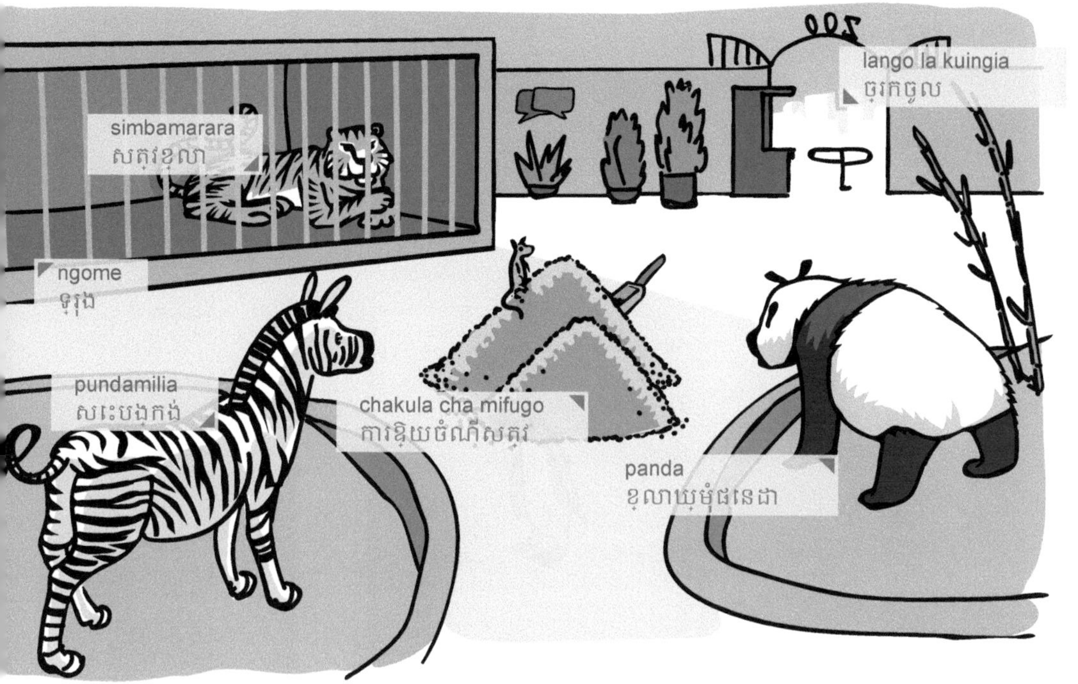

lango la kuingia
 ច្រកចូល

simbamarara
សត្វខ្លា

ngome
ទ្រុង

pundamilia
សេះបង្កង់

chakula cha mifugo
ការទិញចំណីសត្វ

panda
ខ្លាឃ្មុំផនេដា

wanyama

សត្វ

tembo

សត្វដំរី

kangaruu

សត្វកង់ហ្គារូ

kifaru

សត្វរមាស

sokwe

សត្វស្វាហ្គីរីឡា

dubu

ខ្លាឃ្មុំពណ៌ត្នោត

ngamia

សត្វអូដ្ឋ

mbuni

សត្វអូទ្ទ្រិស

simba

សត្វតោ

tumbili

ស្វា

heroe

សត្វក្រុះរៀល

kasuku

សកេ

dubu

ខ្លាឃ្មុំកំបន់ប៉ូល

penguini

ជើនយ៉ូវិន

papa

ត្រីឆ្លាម

tausi

ក្ងោក

nyoka

សត្វពស់

mamba

ក្រពើ

mtunza wanyama

អ្នករក្សាសូនសត្វ

muhuri

ឆ្មាទឹក

jaguar

ខ្លារខិនមយ៉ាង

mwanafarasi

ក្មនសេះ

chui

ខ្លារខិន

kiboko

សត្វដីរទឹក

twiga

សត្វករវៃ

tai

ពន្ធុរី

nguruwe mwitu

ជ្រូក

samaki

ត្រី

kobe

អណ្ឌតេ្ក

sili

លេោមមច្ចា

mbweha

កញ្ជុុរេោង

paa

កុជាន់

michezo
កីឡា

soka ya marekani
កីឡាបាល់ទាត់អាមេរិក

uendeshaji baiskeli
ការបរណាំងកង់

tenisi
កីឡាថេននីស

mpira wa kikapu
កីឡាបាល់បោះ

kuogelea
កីឡាហែលទឹក

ndondi
កីឡាប្រដាល់

magongo ya barafuni
កីឡាវាយកូនមាល់ទៅ
កក

soka
កីឡាបាល់ទាត់

vinyoya
កីឡាវាយសី

riadha
អត្តពលកម្ម

mpira wa mikono
កីឡាបាល់កាន់

skii
ការជិះស្គី

polo
ប៉ូឡូ

shughuli
សកម្មភាពនានា

cheka
សើច
kuruka
លោត
kumbatia
ឱប
kutembea
ដើរ
kuimba
ច្រៀង
ota ndoto
សុបិន្ត
kuomba
អធិស្ឋាន
busu
ថើប

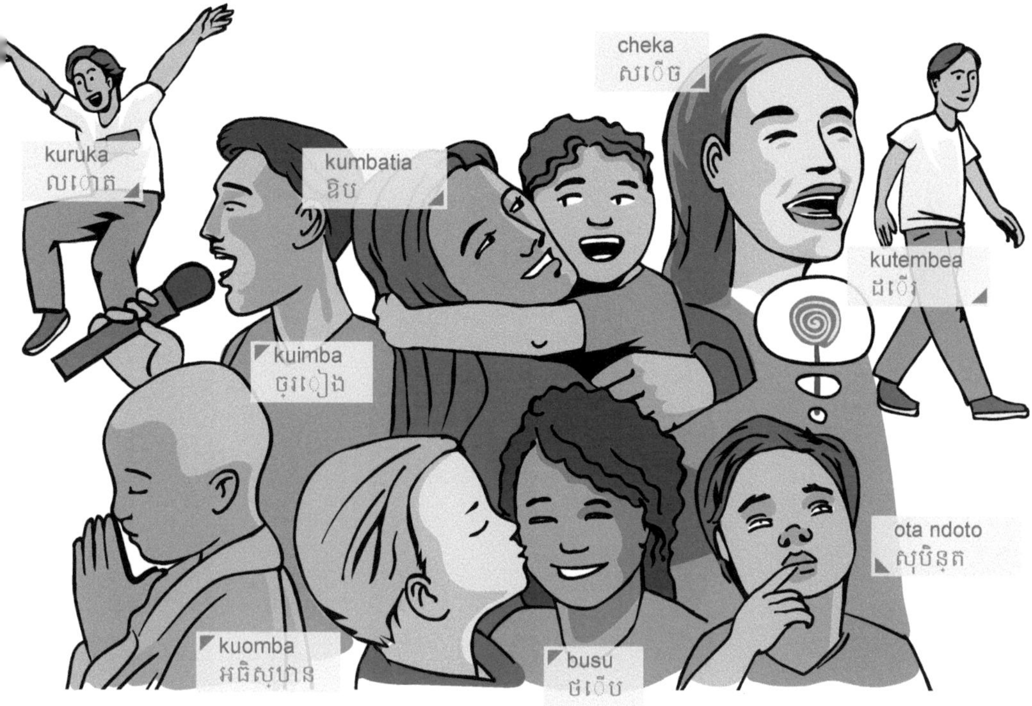

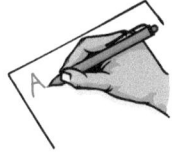

kuandika
សរសេរ

kuteka
គូរ

angalia
បង្ហាញ

sukuma
រុញ

kutoa
ឲ្យ

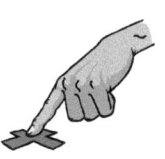

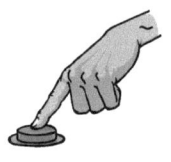

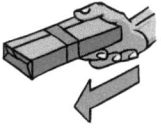

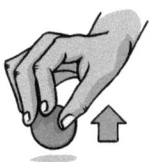

kuchukua
យក

kuwa

មាន

fanya

ធ្វេី

kuwa

គឺ

kusimama

ឈរ

kukimbia

រត់

vuta

ទាញ

kutupa

បេាះ

kuanguka

ធ្លាក់

hadaa

កុហាក

kusubiri

រង់ចាំ

kubeba

យួរ

kukaa

អង្គុយ

vaa nguo

សុលៀកពាក់

usingizi

ដេក

kuamka

ក្ញាក់ឡ្ចេង

kuangalia

មเฌล

lia

យំ

kiharusi

គូសវាស

chana nywele

សិតសក់

ongea

និយាយ

kuelewa

យល់

kuuliza

សួរ

kusikiliza

ស្ដាប់

kunywa

ផឹក

kula

បរិភោគ

nadhifisha

សម្អាត

upendo

ស្រលាញ់

mpishi

ចម្អិន

gari

បើកបរ

kuruka

ហោះ

meli

ចរតែទូក

kokotoa

គណនា

kusoma

អាន

kujifunza

រៀន

kazi

ធុរវៈការ

kuoa

រៀបការ

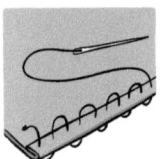

kushona

ដេរ

piga mswaki

ដុសធ្មេញ

kuua

សម្លាប់

moshi

ជក់

kutuma

ផ្ញើេ

familia
ក្រុមគ្រួសារ

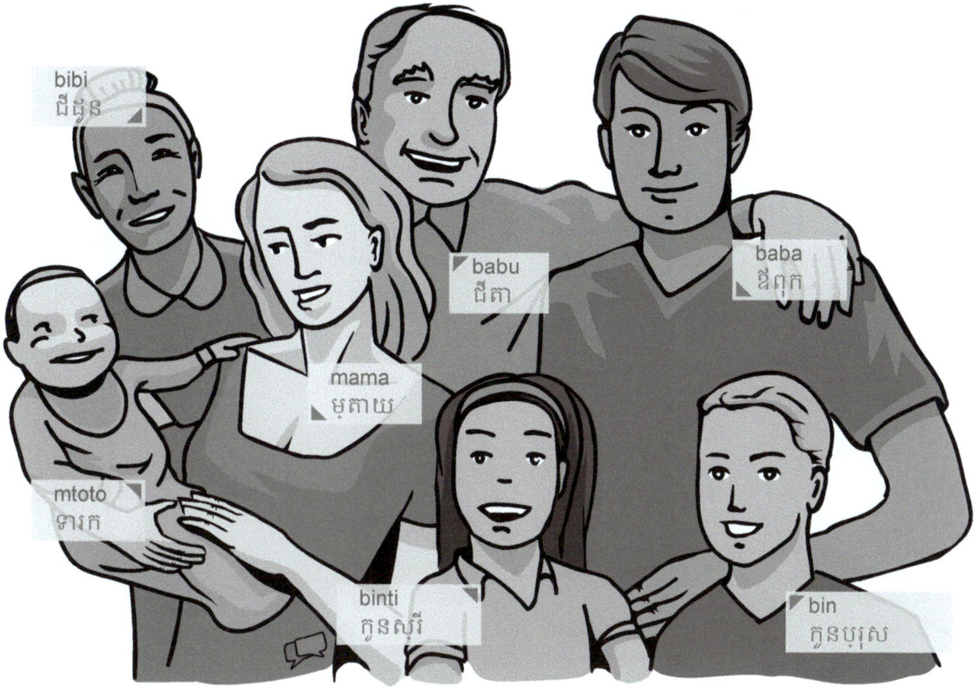
bibi
ជីដូន
babu
ជីតា
baba
ឪពុក
mama
ម្តាយ
mtoto
ទារក
binti
កូនស្រី
bin
កូនប្រុស

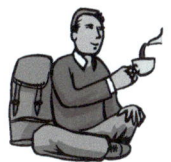

mgeni

ភ្ញៀវ

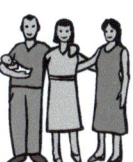

shangazi

មីង

mjomba

ពូ

kaka

បងប្អូនប្រុស

dada

បងប្អូនស្រី

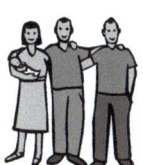

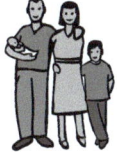

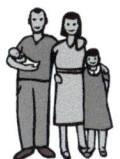

mwili
រាងកាយ

paji la uso
ថ្ងាស
jicho
ភ្នែក
bega
ស្មា
kidole
ម្រាមដៃ
uso
មុខ
kidevu
ចង្កា
mkono
ដៃ
mguu
ជើង
matiti
សុដន់
mkono
ដៃ

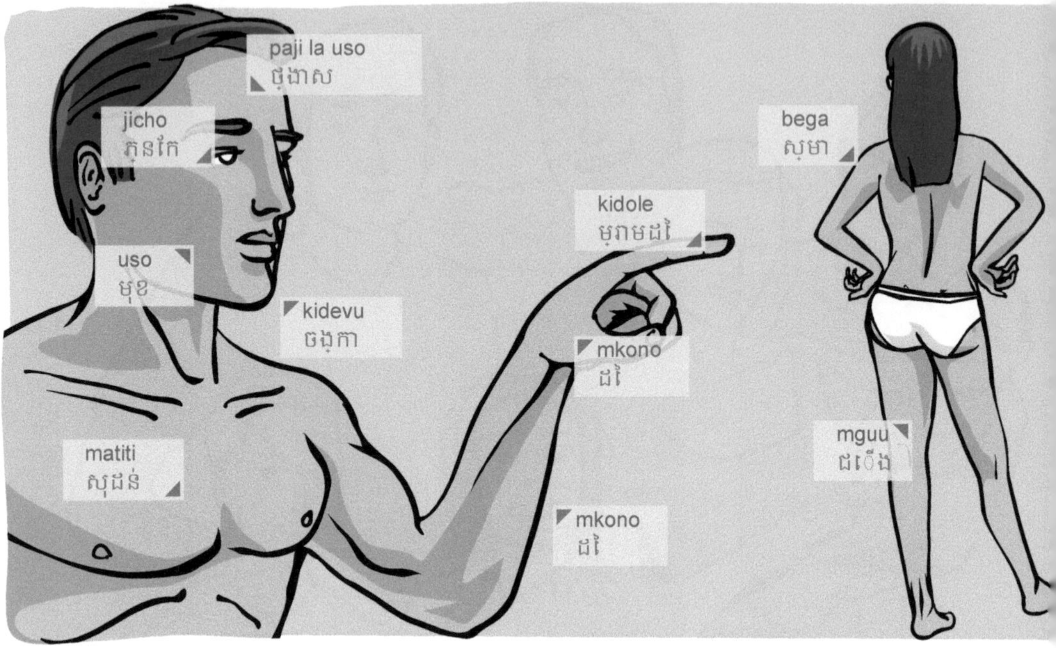

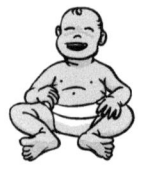

mtoto
ទារក

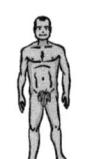

mwanamume
បុរស

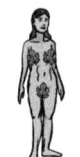

mwanamke
ស្ត្រី

msichana
ក្មេងស្រី

mvulana
ក្មេងប្រុស

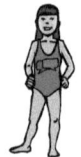

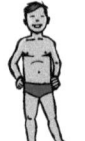

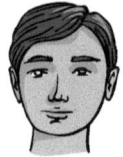

kichwa
ក្បាល

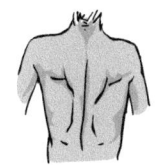

nyuma

ខ្នង

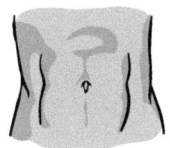

tumbo

ពោះ

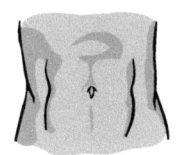

kitovu

ផ្ចិត

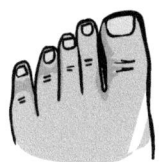

chano

មុខជើង

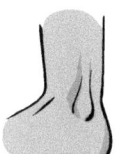

kisigino

កែងជើង

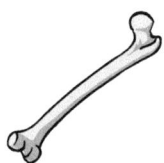

mfupa

ឆ្អឹង

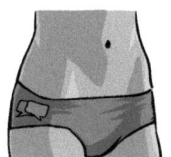

nyonga

គូទគាក

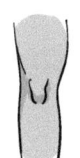

goti

ជង្គង់

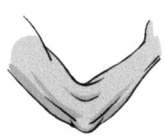

kiwiko

កែងដៃ

pua

ច្រមុះ

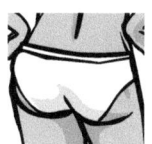

chini

គូទ

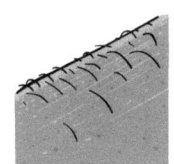

ngozi

ស្បែក

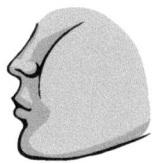

shavu

ថ្ពាល់

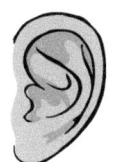

sikio

ត្រចៀក

mdomo

បបូរមាត់

mwili - រាងកាយ   69

kinywa

មាត់

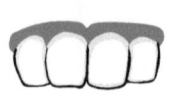

jino

ធ្មេញ

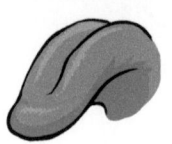

ulimi

អណ្តាត

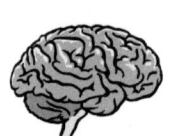

ubongo

ខួរក្បាល

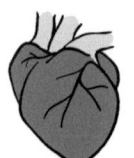

moyo

បេះដូង

misuli

សាច់ដុំ

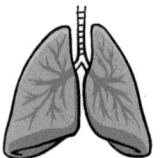

pafu

សួត

ini

ថ្លើម

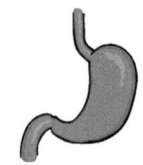

tumbo

ក្រពះ

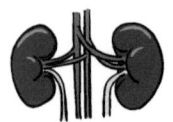

figo

តម្រងនោម

jinsia

ការរួមភេទ

kondomu

ស្រោមអនាម័យ

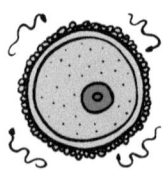

ovari

អូវុល

shahawa

ទឹកកាម

mimba

ការមានផ្ទៃពោះ

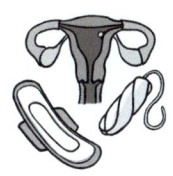

hedhi

មករដូវ

uke

ទូវរមាស

uume

លិង្គត

unyusi

ចិញ្ចើម

nywele

សក់

shingo

ក

hospitali
មន្ទីរពេទ្យ

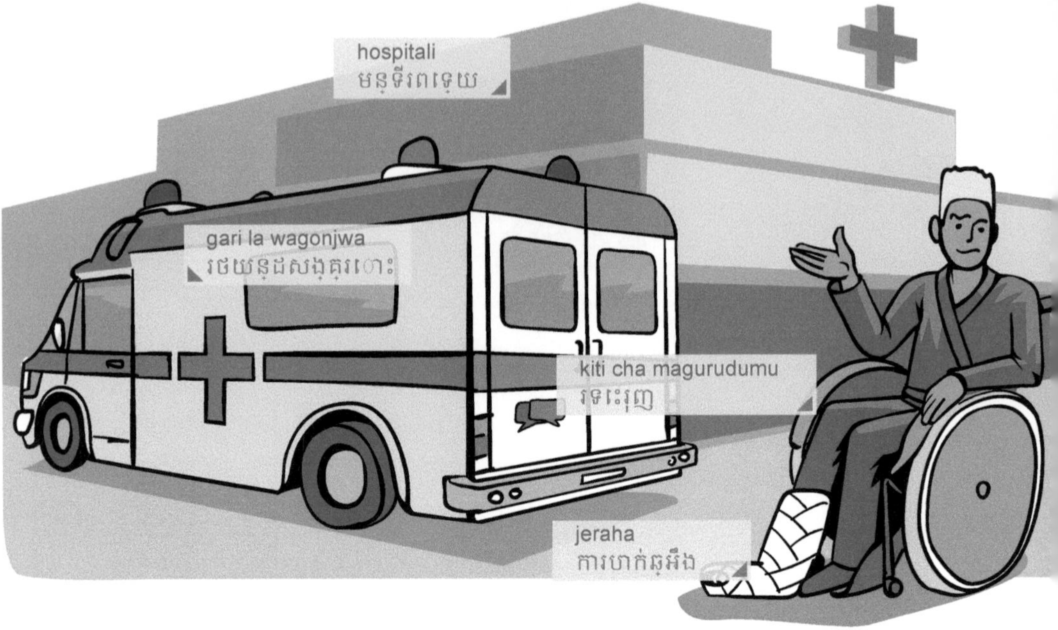

hospitali
មន្ទីរពេទ្យ
gari la wagonjwa
រថយន្តសង្គ្រោះ
kiti cha magurudumu
រទេះរុញ
jeraha
ការបាក់ឆ្អឹង

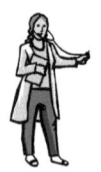

daktari

វេជ្ជបណ្ឌិត

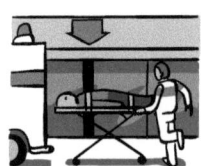

chumba cha dharura

បន្ទប់សង្គ្រោះបន្ទាន់

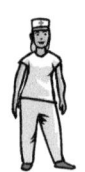

muuguzi

គិលានុបដ្ឋាយិកា

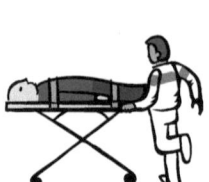

dharura

សង្គ្រោះបន្ទាន់

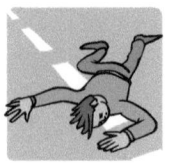

kupoteza fahamu

សន្លប់

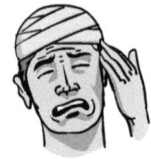

maumivu

ការឈឺចាប់

kuumia

ការរងរបួស

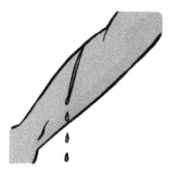

kutokwa na damu

ការហូរឈាម

mshtuko wa moyo

គាំងបេះដូង

kiharusi

មុឡីដាច់សរសៃឈាមក្នុងក្បាល

mzio

អាលែកហ្សី

kikohozi

ក្អក

homa

ជំងឺគ្រុន

mafua

ជំងឺផ្តាសាយ

kuharisha

ជំងឺរាគូស

maumivu ya kichwa

ឈឺក្បាល

kansa

ជំងឺមហារីក

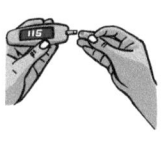

ugonjwa wa kisukari

ជំងឺទឹកនោមផ្អែម

daktari mpasuaji

គ្រូពេទ្យវះកាត់

kisu kidogo cha kupasulia

កាំបិតវះកាត់

operesheni

បុរ្គិបត្តុដិការ

picha changanufu ya mwili
CT

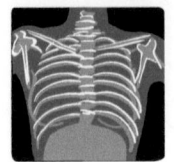

Eksrei
កាំរស្មីអ៊ិច

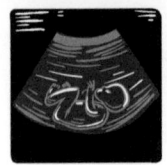

mawimbi sauti
អ៊ុលត្រា

barakoa ya uso
របាំងមុខ

ugonjwa
ជំងឺ

chumba cha kusubiri
បន្ទប់ចាំ

mkongojo
ឈើច្រត់

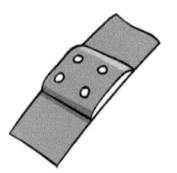

plasta
ម្នាងស៊ីឡា

bendeji
បង់រុំ

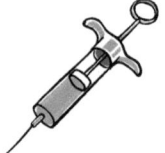

sindano
ការចាក់ថ្នាំ

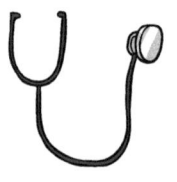

stetoskopu
ស្ដែតូស្កុប

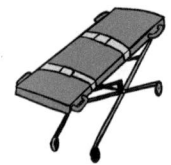

machela
សុនដែរបួស

kipimajoto cha kliniki
ទែម៉ូម៉ែត្រពុយាបាល

kuzaliwa
កំណើត

unene kupita kiasi
លើសទម្ងន់

kusikia misaada

ឧបករណ៍ជំនួយការស្ដាប់

kipukusi

សារធាតុសម្លាប់មេរោគ

maambukizi

ការឆ្លងមេរោគ

virusi

មេរោគ

VVU / UKIMWI

មេរោគអេដស៍ / ជំងឺអេដស៍

dawa

ថ្នាំពេទ្យ

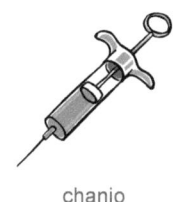

chanjo

ការចាក់ថ្នាំបង្ការ

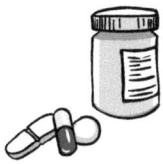

vidonge

ថ្នាប្រលិត

kidonge

ថ្នាំគ្រាប់

simu ya dharura

ការហៅទៅលេខអាសន្ន

haemodainamometa

ឧបករណ៍ពិនិត្យសម្ពាធ
ឈាម

mgonjwa / mwenye afya

ឈឺ / មានសុខភាពល្អ

Msaada!
ជំនួយ!

kengele
សំឡេងរោទ៍

pigo
ការវាយលុក

shambulizi
ការវាយប្រហារ

hatari
គ្រោះថ្នាក់

lango la dharura
ច្រកចេញគ្រោះអាសន្ន

Moto!
អគ្គីភ័យ!

kizima moto
បំពង់ពន្លត់អគ្គិភ័យ

ajali
គ្រោះថ្នាក់

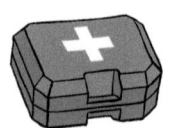

vifaa vya huduma ya
kwanza
ឧបករណ៍ជំនួយបឋម

wito wa msaada
SOS

polisi
ប៉ូលិស

Ulaya

អឺរុប

Amerika ya Kaskazini

អាមេរិកខាងជើង

Amerika ya Kusini

អាមេរិកខាងត្បូង

Afrika

អាហ្វ្រិក

Asia

អាស៊ី

Australia

អូស្ត្រាលី

Atlantiki

អាត្លង់ទិច

Pasifiki

ប៉ាស៊ីហ្វិក

Bahari ya Hindi

មហាសមុទ្រឥណ្ឌា

Bahari ya Antaktiki

មហាសមុទ្រអង់តាក់ទិច

Bahari ya Aktiki

មហាសមុទ្រអាកទិច

Ncha ya Kaskazini

ប៉ូលខាងជើង

Ncha ya Kusini

ប៉ូលខាងត្បូង

Antaktika

អង់តាក់ទិក

dunia

ផែនដី

nchi

ដីគោក

bahari

សមុទ្រ

kisiwa

កោះ

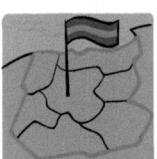

taifa

បុរទេសជាតិ

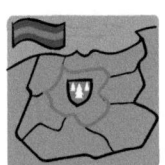

jimbo

រដ្ឋ

uso wa saa

មុខនាឡិកា

akrabu ya saa

ទ្រនិចម៉ោង

akrabu ya dakika

ទ្រនិចនាទី

akrabu ya sekunde

ទ្រនិចវិនាទី

Ni saa ngapi?

ម៉ោងប៉ុន្មាន?

siku

ថ្ងៃ

wakati

ពេលវេលា

sasa

ឥឡូវនេះ

saa ya dijitali

នាឡិកាឌីជីថល

dakika

នាទី

saa

ម៉ោង

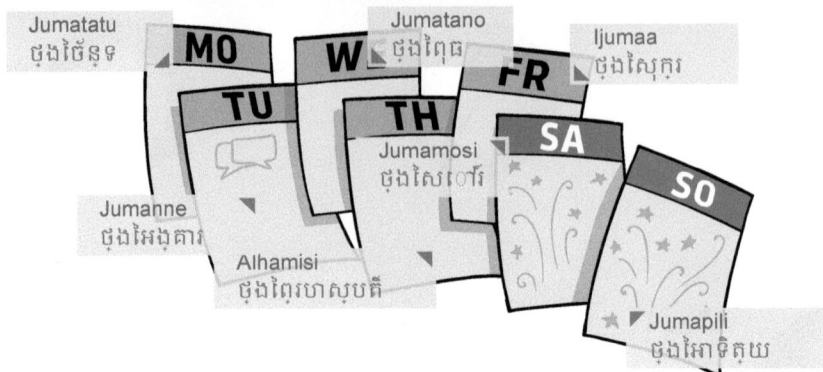

Jumatatu ថ្ងៃច័ន្ទ · MO
Jumatano ថ្ងៃពុធ · W
Ijumaa ថ្ងៃសុក្រ
TU
TH
FR
Jumamosi ថ្ងៃសៅរ៍ · SA
Jumanne ថ្ងៃអង្គារ
Alhamisi ថ្ងៃព្រហស្បតិ៍
SO
Jumapili ថ្ងៃអាទិត្យ

jana
ម្សិលមិញ

leo
ថ្ងៃនេះ

kesho
ថ្ងៃស្អែកកែ

asubuhi
ព្រឹក

saa sita mchana
ថ្ងៃត្រង់

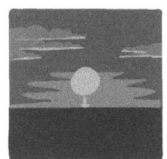

jioni
ល្ងាច

siku za biashara
ថ្ងៃធ្វើការ

mwishoni mwa wiki
ចុងសប្តាហ៍

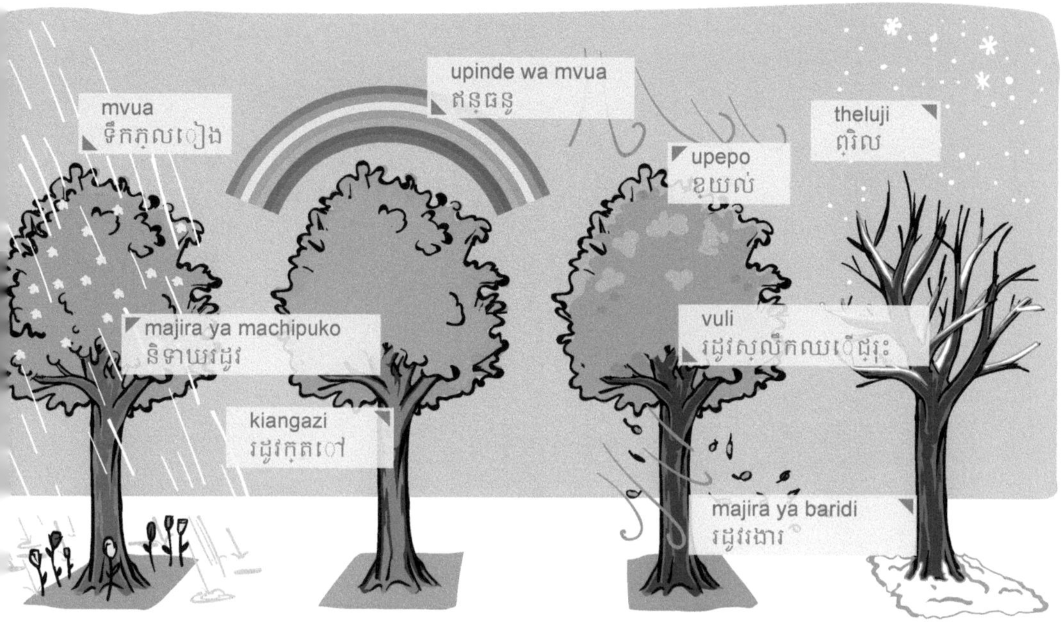

mvua
ទឹកភ្លៀងភ្លៀង

upinde wa mvua
ឥន្ទធនូ

theluji
ព្រិល

upepo
ខ្យល់

majira ya machipuko
និទាឃរដូវ

vuli
រដូវស្លឹកឈើជ្រុះ

kiangazi
រដូវក្តៅ

majira ya baridi
រដូវរងារ

utabiri wa hali ya hewa
ការព្យាករណ៍អាកាសធាតុ

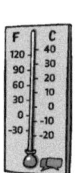

kipimajoto
ទែម៉ូម៉ែត្រ

mwanga wa jua
ពន្លឺថ្ងៃ

wingu
ពពក

ukungu
អ័ព្ទ

unyevu
សំណើម

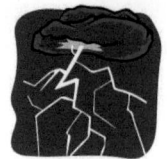

umeme

រន្ទះ

radi

ផ្គរ

dhoruba

ព្យុះ

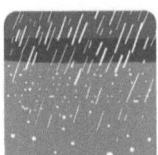

mvua ya mawe

ព្រិល

monsuni

ខ្យល់មូសុង

mafuriko

ទឹកជំនន់

barafu

ទឹកកក

Januari

ខែមករា

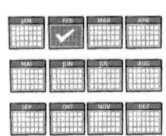

Februari

ខែកុម្ភៈ

Machi

ខែមីនា

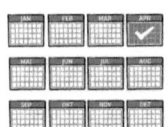

Aprili

ខែមេសា

Mei

ខែឧសភា

Juni

ខែមិថុនា

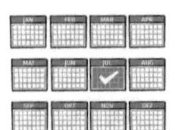

Julai

ខែកក្កដា

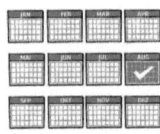

Agosti

ខែសីហា

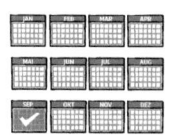

Septemba

ខែកញ្ញា

Oktoba

ខែតុលា

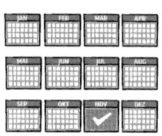

Novemba

ខែវិច្ឆិកា

Desemba

ខែធ្នូ

mduara

រង្វង់

mraba

ការ៉េ

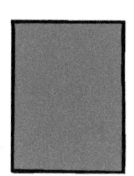

mstatili

ចតុកោណកែង

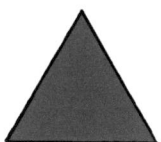

pembetatu

ត្រីកោណ

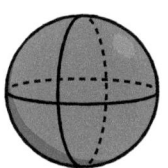

nyanja

ស្វ៊ែរ

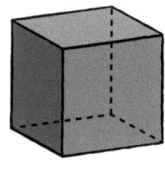

mchemraba

គូប

nyeupe

ពណ៌ស

manjano

ពណ៌លឿង

chungwa

ពណ៌ទឹកក្រូច

rangi ya waridi

ពណ៌ផ្កាឈូក

nyekundu

ពណ៌ក្រហម

hudhurungi

ពណ៌សុវាយ

bluu

ពណ៌ខៀវ

kijani

ពណ៌បៃតង

hanja

ពណ៌ទឹកក្រូច

jivujivu

ពណ៌ប្រផេះ

nyeusi

ពណ៌ខ្មៅ

mengi / kidogo

ចុះរេើន / តិចតួច

hasira / pole

ខឹង / គួរជាក់ចិត្ត

nzuri / mbaya

សួរស់សួអាត / អាក្រក់

mwanzo / mwisho

ចាប់ផ្ដតេើម / បញ្ចប់

kubwa / ndogo

ធំ / តួច

angavu / giza

ភ្លឺ / ងងឹត

kaka / dada

ងបុអ្នកបុរស / បងបុអ្នកសុរី

safi / chafu

សុអាត / កខ្វរក់

kamilika / tokamilika

ពញេលញេ / មិនពញេលញេ

siku / usiku

ថ្ងៃ / យប់

wafu / hai

សុលាប់ / នៅរស់

pana / nyembamba

ធំទូលាយ / តួចចងុអៀត

kulika / kutolika

អាចបរិភោគបាន / មិនអាចបរិភោគបាន

ovu / ema

ចិត្តអាក្រក់ / ចិត្តល្អ

sisimkwa / udhika

ការវិភើ្ងប / អផ្សុក

nene / nyembamba

ធាត់ / ស្គម

kwanza / mwisho

ដំបូង / ចុងក្រោយ

rafiki / adui

មិត្តភក្តិ / សត្រូវ

jaa / tupu

ពេញ / ទទេ

ngumu / laini

រឹង / ទន់

nzito / nyepesi

ធ្ងន់ / ស្រាល

njaa / kiu

ភាពអត់ឃ្លាន / ការស្រេកឃ្លាន

mgonjwa / mwenye afya

ឈឺ / មានសុខភាពល្អ

haramu / kisheria

ខុសច្បាប់ / ត្រូវច្បាប់

akili / kijinga

ឆ្លាតវៃ / ឆ្កួត

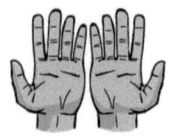

kushoto / kulia

ឆ្វេង / ស្តាំ

karibu / mbali

ជិត / ឆ្ងាយ

mpya / kutumika

ថ្មី / ហានបុរេ

kitu / jambo

គ្មានអ្វីសេាះ / អ្វីមួយ

zee / changa

ចាស់ / ក្មេង

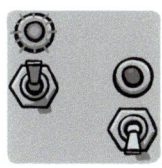

waka / zima

បេ្ហ៊ីក / បិទ

wazi / fungwa

បេ្ហ៊ីក / បិទ

utulivu / kelele

ស្ងប់ស្ងាត់ / ពុខ្លាំង

tajiri / masikini

មាន / ក្រ

sahihi / kosa

ត្រូវ / ខុស

mbaya / laini

គ្រុម / រលោង

huzunika / furahia

ហាកចិត្ត / សប្បាយចិត្ត

fupi /ndefu

ខ្លី / វែង

polepole / haraka

យឺត / លឿន

nyevu / kavu

សើម / ស្ងួត

joto / baridi

ក្តៅ / ត្រជាក់

vita / amani

សង្គ្រាម / សន្តិភាព

0

sufuri

ស៊ុន្យ

1

moja

មួយ

2

mbili

ពីរ

3

tatu

បី

4

nne

បួន

5

tano

ប្រាំ

6

sita

ប្រាំមួយ

7

saba

ប្រាំពីរ

8

nane

ប្រាំបី

9

tisa

ប្រាំបួន

10

kumi

ដប់

11

kumi na moja

ដប់មួយ

12

kumi na mbili

ដប់ពីរ

13

kumi na tatu

ដប់បី

14

kumi na nne

ដប់បួន

15

kumi na tano

ដប់ប្រាំ

16

kumi na sita

ដប់ប្រាំមួយ

17

kumi na saba

ដប់ប្រាំពីរ

18

kumi na nane

ដប់ប្រាំបី

19

kumi na tisa

ដប់ប្រាំបួន

20

ishirini

មុភៃ

100

mia

រយ

1.000

elfu

ពាន់

1.000.000

milioni

លាន

Kiingereza

អង់គ្លេស

Kiingereza cha Marekani

អង់គ្លេសអាមេរិក

Kimandarini cha Uchina

ចិនកុកងី

Kihindi

ហិណ្ឌូ

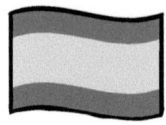

Kihispania

អេស្ប៉ាញ

Kifaransa

ហារាំង

Kiarabu

អារ៉ាប់

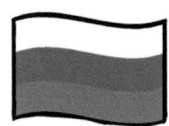

Kirusi

រុស្សី

Kireno

ព័រទុយហ្គាល់

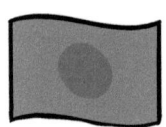

Kibengali

បង់ក្លាដេស

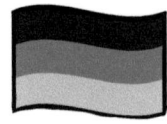

Kijerumani

អាល្លឺម៉ង់

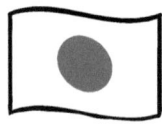

Kijapani

ជប៉ុន

mimi

ខ្ញុំ

wewe

អ្នក

yeye / yeye / ni

គាត់ / នាង / វា

sisi

យើង

wewe

អ្នក

wao

ពួកគេហេន

nani?

នរណា?

nini?

អ្វី?

jinsi gani?

របៀបណា?

wapi?

កន្លែងណា?

lini?

ពេលណា?

jina

ឈ្មោះ

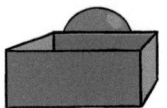

nyuma

ពីក្រោយ

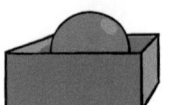

katika

ក្នុង

mbele ya

ពីមុខ

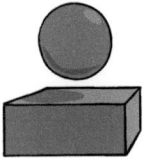

juu ya

ពីលើ

kwenye

នៅលើ

chini ya

នៅក្រោម

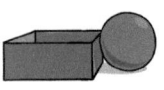

kando

នៅក្បែរ

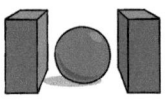

kati

រវាង

mahali

កន្លែង